Caminhada Necessária

EDITORA EME

Solicite nosso catálogo completo, com mais de 500 títulos, onde você encontra as melhores opções do bom livro espírita: literatura infantojuvenil, contos, obras biográficas e de autoajuda, mensagens espirituais, romances palpitantes, estudos doutrinários, obras básicas de Allan Kardec, e mais os esclarecedores cursos e estudos para aplicação no centro espírita - iniciação, mediunidade, reuniões mediúnicas, oratória, desobsessão, fluidos e passes.

E caso não encontre os nossos livros na livraria de sua preferência, solicite o endereço de nosso distribuidor mais próximo de você.

Edição e distribuição

EDITORA EME

Caixa Postal 1820 - CEP 13360-000 - Capivari - SP

Telefones: (19) 3491-7000 | 3491-5449

Vivo (19) 99983-2575 | Claro (19) 99317-2800

vendas@editoraeme.com.br - www.editoraeme.com.br

Regis de Morais

Caminhada necessária

Capivari-SP
- 2015 -

A Editora EME mantém o Centro Espírita "Mensagem de Esperança", colabora na manutenção da Comunidade Psicossomática Nova Consciência (clínica masculina para tratamento da dependência química), e patrocina, junto com outras empresas, a Central de Educação e Atendimento da Criança (Casa da Criança), em Capivari-SP.

1ª edição - junho/2015 - 2.000 exemplares

CAPA | Rafael S. Gatti
DIAGRAMAÇÃO | Marco Melo
REVISÃO | Editora EME

Ficha catalográfica

Morais, Regis de, 1940
Caminhada necessária / Regis de Morais - jun. 2015 -
Capivari, SP : Editora EME.
176 p.

ISBN 978-85-66805-61-1

1. Espiritismo. 2. Autoajuda. 3. Vivência espírita.
I. TÍTULO.

CDD 133.9

AGRADECIMENTOS

Recebam, os caros amigos Rita Bonardo e Fagner Rocha, os mais sinceros agradecimentos deste autor, por terem carinhosamente preparado estes originais.

Também sou grato a Flávia Morais por reparos finais neste mesmo preparo.

Regis de Morais

"Ele nos chama a reconhecer que a maior batalha religiosa não se trava num campo espetacular, mas dentro do coração humano comum, quando, a cada manhã, acordamos e sentimos a pressão do dia a nos afligir, e temos de decidir que tipo de imortais queremos ser."

(*Kathleen* NORRIS. "*Introdução*" *a* C.S. LEWIS, *Cristianismo puro e simples*, 2005).

"Eu sou o caminho, e a verdade, e a vida; ninguém vem ao Pai senão por mim."

Jesus (João 14:6).

FALE CONOSCO

QUEREMOS SABER SUA OPINIÃO SOBRE NOSSO LIVRO: ____________________

____________________ (Favor mencionar o nome do livro)

____

____

____

____

____

____

____

Sumário

Convite (Caminhada necessária)

Venham, amigos; vamos juntos.

A caminhada é necessária para que, ao menos um pouco que seja nos distanciemos de nossas tantas imperfeições. Não adiemos a jornada, irmãos. Tanto as expressões de tristeza e exaustão, quanto as feições leves daqueles mais próximos da paz, todos esses rostos compõem o meu rosto – face voltada para o amor divino, mas ainda em busca de tal pacificação.

Dos meus pobres embornais tirarei o possível para comungar com meus amados irmãos. Embora sejamos todos a própria imagem da precariedade, não abandonemos a jornada. Partilhando o pouco de cada um, o muito nos esperará ao fim do caminho; e este surpreendente muito, será o Reino de Deus em nós.

Venham, irmãos; vamos juntos.

Cena de abertura

No sossego da minha mesa de trabalho, cerro os olhos; e, na força da imaginação, "vejo" um grande número de irmãos de jornada. Muitos trazem rostos cansados e sofridos, mas seus olhares têm a luz dos que buscam o conforto de alguma solidariedade; outros tantos têm fisionomias mais pacificadas e olhares também iluminados por uma santa curiosidade que busca reflexões novas. Todos esses rostos amavelmente se voltam para minha direção e, então, sinto-me assistido por entidades de luz. Afinal, por que essas queridas criaturas haveriam de buscar a mim que, à semelhança delas, vivo a braços com minhas imperfeições? Mas estou na impressionante cena e sinto vontade de dirigir-me aos numerosos irmãos que, de olhos cerrados, vejo tão bem.

Sentindo-me, apesar de mim mesmo, amparado, quero falar aos muitos irmãos, jamais como quem tem algo a ensinar-lhes, mas como quem, sofrendo caminhada semelhante, deseja partilhar fraternalmente impressões e reflexões. É, portanto, sem abrir meus olhos, mas vendo cada rosto, que digo não ter pretensão de ensinar-lhes, mas sim, um forte desejo de solidariedade fraterna, da qual alguma luz sempre pode nascer. Olhos fechados em plena claridade, não procuro saber se apenas lido com minha imaginação ou se se confirma o dizer bíblico segundo o qual "Como o vento, o Espírito sopra onde quer", utilizando-se mesmo de frágeis criaturas humanas. Algo que é caridosamente dado avoluma-se e cresce em nós naquele abençoado momento. Algo que durará, não sabemos por quanto tempo, mas tempo necessário para a grande partilha de experiências e buscas espirituais.

O tempo vai passando, a caridade divina traz os temas que serão transformados em meditações escritas, como se fora um dever deste escriba, auxiliar a que se multipliquem seus eventuais benefícios. Não serão palavras sábias dirigidas a inscientes, mas reflexões bem-intencionadas conversadas com irmãos de jornada.

Com atenção, ver-se-á que em cada uma dessas abordagens ressoam as palavras de João Batista: "Necessário é que eu diminua para que Cristo cresça" (Evangelho de João 3:30).

Que o Mestre Jesus e seus mensageiros possam dar amparo constante a estas páginas!

I

Os difíceis que não são impossíveis

Haverá um versículo que reúna e sintetize toda a sabedoria dos antigos profetas e dos Evangelhos? Sim, há. E o próprio Cristo o chamou de "mandamento áureo". Encontramo-lo em Marcos 12:30: "Ama a Deus sobre todas as coisas, e ao teu semelhante como a ti mesmo".

Uma vez mais o mestre Jesus, juntamente com conforto e consolação, apresenta-nos grandes desafios. Afinal, há três desafios não pequenos quando analisamos criteriosamente o "mandamento áureo".

1. Amar a Deus sobre todas as coisas

É fácil amar assim a Deus? Não, não é. Pensemos em Abraão e Sara, cujo filho de sua velhice, Isaque, era seu mais refulgente amor. E um ser de luz comunica Abraão a que, por ordem do Altíssimo, o menino Isaque deveria ser levado a uma distante montanha e, ali, ser sacrificado. De pronto, parece-nos, tal determinação, ser ato de inexcedível brutalidade.

O filósofo dinamarquês Söeren Kierkegaard torna plástico diante de nós esse horror escrevendo:

"Assim, tudo se perdia, e mais penosamente do que se nunca tivesse havido! O Senhor se punha a *brincar* com Abraão. Ele criara o milagre (Isaac) e Ele o pusera abaixo. Quem é, pois, Este que tira de um ancião seu cajado? Quem é Este que quer deixar sem consolo um homem em sua velhice? Quer que o pai sacrifique o próprio e único filho. Não haverá compaixão para o pobre ancião e para o menino inocente?

Abraão era *eleito* de Deus; não obstante isto, o Senhor lhe impunha aquela provação. Tudo se perderia?" (In Paul ROUBICZEK, *El existencialismo*, 1970)

Este texto, que apresenta a revolta do filósofo, é apenas uma busca de interpretar as angústias de Sara e Abraão. Noutras palavras, Kierkegaard diz que Abraão preferiu a dor do desespero do que desobedecer ordem divina. Sabemos todos que um anjo veio à montanha e salvou Isaque, reconhecendo que o ancião amava a Deus "sobre *todas* as coisas".

Nós, os que temos filhos, às vezes netos, esposa querida e que tanto amamos nossos pais - é-nos difícil amar a Deus sobre todas as coisas. Afinal, o grande servo Santo Agostinho disse que Deus não é objeto de conhecimento e nada sabemos sobre Ele, embora sintamos fortemente a intuição inefável da Grande Presença. De todo modo, garante-nos o texto bíblico, que "o firmamento anuncia a glória de Suas mãos".

Amar a Deus sobre todas as coisas não é fácil, mas é POSSÍVEL e NECESSÁRIO. Bem sabemos que uma vida sem Deus se perde nos descampados da finitude, sem um sentido maior.

2. Amarás o teu semelhante como a ti mesmo

Amar nosso semelhante: eis outro desafio! É fácil querer bem as pessoas amáveis, mas, afirmou o mestre Jesus que se é isto que fazemos, nada fazemos que difira de publicanos e até de demônios. Às vezes convivemos com familiares e outras pessoas difíceis, sendo preciso paz e grandeza interior para os tratarmos com equilíbrio e carinho.

O notável filósofo contemporâneo André Comte-Sponville (francês), ao longo de obras suas comenta que, em sua primeira juventude, achou uma arrematada bobagem essa coisa de amor aos semelhantes; acima de tudo, amar os semelhantes "como a si mesmo". Dizia Conte-Sponville que conhecia sua própria história, seus sofrimentos e alegrias, e mesmo assim era difícil amar a si mesmo; agora, como vou amar alguém que conheço pouco? Mas os anos se foram passando e trazendo maturidade, e um tempo chegou de sua vida adulta, com esposa e familiares, que o pensador se viu equivocado. Pensou, então: eu preciso escrever um livro sobre o amor aos semelhantes; e, embora materialista, deu-se conta de que esse livro já estava escrito de forma tocante e era chamado de os "Evangelhos".

Ora, o amor cristão ao próximo nada tem a ver com derretimentos excessivos; tem, sim, a ver com *respeito* ao próximo, *interesse* por este e também gosto pela *solidariedade.* É não desejar o mal ao próximo e nem se alegrar com seus insucessos. Digo eu: as experiências reencarnatórias levam a que deixemos de lado as piores doenças da alma: o *egoísmo*, a *arrogância* e os *preconceitos*. Passo a passo vamos vendo que não somos melhores do que ninguém, e que a grande beleza humana é a sua diversidade. No dia em que não nos julgarmos mais tão importantes e melhores, será bem mais possível amarmos os nossos semelhantes.

Mas disse o divino Rabi: amarmos nossos semelhantes como amamos a nós mesmos. Nisto surge um terceiro desafio: o amor de si.

3. O amor de si

São Bernardo de Claravalle, um século antes de S. Francisco de Assis (Século XII), legou-nos escritos maravilhosos sobre "o amor de si", sobretudo em sua obra *Na escola do amor* (*En la escuela del amor*, biblioteca de autores cristianos, Madrid, 1999).

Vemos ali que o amor de si não é egoísmo, pois que o egoísta não considera o que é, mas o que *imagina ser*; neste caso, tudo não passa de uma fantasmagoria. Autoamor não é excesso de autoestima, que hoje denominaríamos de narcisismo. O amor de si é autorrespeito e amor à ética sã, ambos fazendo abençoados nossos relacionamentos. O autoamor é não desrespeitarmos Deus Pai, menosprezando-nos e entregando-nos a ações baixas, com sentimentos inferiores. Os grandes criminosos, quando não foram obsedados, foram normalmente pessoas que jamais se respeitaram ou se amaram.

Diz um orador espírita com justeza exemplar que, por mais imperfeitos que sejamos, em nosso mais fundo vamos encontrar o DNA de Deus. Como se vê, tudo se resume (tudo de melhor) no AMOR, porque, como nos ensinou o apóstolo João: "Deus é Amor".

Não por outra razão, o apóstolo Paulo legou-nos o mais belo poema bíblico sobre o Amor, em I° Coríntios, capítulo 13:

> Ainda que eu fale as línguas dos homens e dos anjos, se não tiver amor, serei como o bronze que soa ou como o címbalo que retine.
>
> O amor é paciente, é benigno; o amor não arde em ciúmes, não se ufana, não se ensoberbece, não se conduz inconvenientemente, não procura os seus interesses, não se exaspera, não se ressente do mal.
>
> O amor jamais acaba; mas havendo profecias desaparecerão; havendo línguas cessarão, havendo ciência, passará.

Que esses trechos de Paulo, tocados pela bênção do grande Rabi, ponham-nos a meditar nos caminhos do espírito.

II

O crescimento espiritual

O XIV Dalai Lama comenta que um atleta bem treinado e preparado, muito bem alimentado, seu desempenho mesmo assim tem limite; se ele desrespeitar seu limite máximo, pode mesmo encontrar a morte do seu corpo físico. A alma humana, no entanto, é dotada de infinitude; isto é, não tem limite de desenvolvimento. Isto lemos na obra intitulada *O universo em um átomo* (2006: págs. 143-144).

Embora tenha lido em autores espíritas de grande respeitabilidade expressões como "reforma íntima" e "renovação íntima", peço que me seja permitido preferir a expressão "crescimento espiritual". Reforma é algo que fazemos em nossas residências e, não muito tempo depois, ela está terminada. Ora, o crescimento espiritual, por sua infinitude, não pode ter fim. Mas esta é apenas uma nota pessoal, e nem se deve dar tanta importância a predileções de linguagem.

O que realmente importa é não tratarmos nunca com ingenuidade o crescimento espiritual, o qual é um *processo*, exigente de esforço e determinação, e jamais uma decisão imediatista. Tantíssimas reencarnações, às vezes com longos anos encarnatórios individualmente, e nós, os terráqueos em geral, temos evoluído pouco. Acontece que, ao contrário do que um ou outro texto afirma, nosso processo espiritual de crescimento não é nada fácil. No entanto, uma apreciável quantidade de vidas santificadas têm-nos mostrado que tal crescimento é *possível*.

Ao longo da codificação espírita, Santo Agostinho afirma a importância da autocrítica e da autoavaliação, se possível feitas todas as noites. Ora, a autocrítica, neste caso, deve ter finalidade positivamente construtiva para nosso crescimento espiritual; afinal, muitos têm os deveres morais cristãos "na ponta da língua", mas... para cobrá-los dos outros.

1. Estruturação do ser humano

C.G. Jung, Roberto ASSAGIOLI, Victor

FRANKL, entre muitos outros, demonstraram que somos seres muito complexos. A estrutura do nosso ser, até agora conhecida, foi desenhada da seguinte maneira:

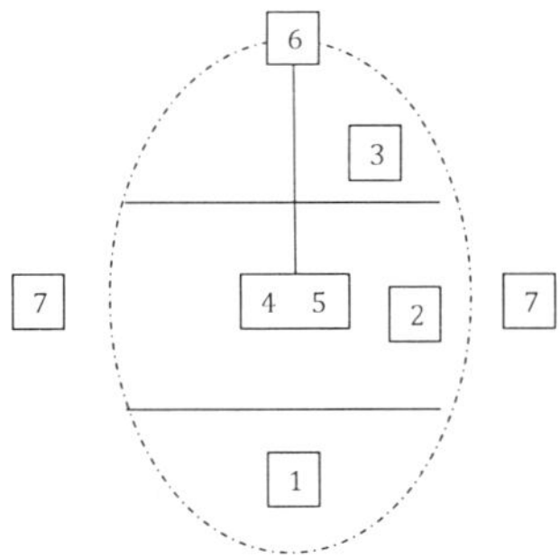

1. Inconsciente inferior (repositório de traumas e sofrimentos).
2. Inconsciente médio ou pré-consciente.
3. Inconsciente superior.
4. Campo da consciência.
5. Eu consciente.
6. Eu espiritual ou integral.
7. Inconsciente coletivo.

(cfr. A.M. LA SALA BATÁ, 1991: pág.25)

Esta totalidade, em todos os seus complexos níveis, participa do processo de crescimento espiritual. Nossa consciência não domina todas essas "áreas", mas, - e isto é grandemente importante - nosso esforço de crescimento espiritual deve partir do CONSCIENTE, em suas relações mais ou menos indiretas com o inconsciente médio ou pré--consciente.

Eis porque não podemos ser ingênuos crendo em uma meteórica renovação íntima; todavia temos o dever de empenhar-nos no PROCESSO de apuro espiritual. Assim, com sinceridade e sem encenações, iremos sentindo - com nossos princípios, atitudes e ações - a infinitude do desenvolvimento da mente/alma.

O trabalho é de cada um de nós com o livre-arbítrio que temos, mas - obedecido o "vigiai e orai" do mestre Jesus - transcorrerá sob o poderoso influxo da misericórdia divina.

Todavia, podemos provocar o pior: certa paralisia estagnante. Será bom meditarmos sobre isso.

2. O risco da estagnação

A luz ou a obscuridade da nossa Casa Mental, ambos constituem polos atrativos. Bem-aventurados os que têm alma iluminada, porque a tendência destes é a de trazerem para junto de si seres benfeitores, porque também iluminados. Porém, triste é a situação dos que vivem em obscuridade íntima, alimentando sentimentos negativos, pois, como é sabido, estes tendem a atrair para o seu campo de vida, influências nefastas.

Antes de tratarmos de influenciações e mesmo obsessões, focalizemos (condoidamente) pessoas imersas em um materialismo pobre, porque estritamente voltado para bens materiais e vantagens. Sublinho isto porque tive oportunidade de conhecer materialistas de nobre alma e muito solidários com seus semelhantes. Mas todos conhecemos aqueles de tal modo egoístas e maquiavélicos que, para estes, a vida transcorre como se os "outros seres humanos" não existissem, sendo como objetos.

Como disse, temos livre-arbítrio, nossas escolhas e decisões são nossas; mas não temos liberdade sobre as consequências das nossas decisões. Repetidamente se diz: o plantio é livre, mas a colheita é obrigatória. Obviamente, julgamos pessimamente, de vez que no Plano Mais Alto, há um tal sistema de atenuantes e agravantes que nunca alcançaremos compreender; mas tudo indica haverem aqueles irmãos nossos que, por si mesmos, estragam e invalidam toda uma reencarnação (ou até mais de uma).

Então as estagnações podem ser autoprovocadas, tanto quanto podem ser resultantes de influenciações e obsessões. Em nenhum desses casos mandará o acaso, quase tudo prendendo-se a processos de vidas sucessivas, dívidas cármicas, etc.

Aqui e ali inspirado no belo livro da médica Marlene Nobre (*A obsessão e suas máscaras*, 6ª Ed., 1999), principiamos a analisar razões da referida estagnação no crescimento íntimo. Nem sempre nos damos conta do que aquela autora denomina *auto-obsessão*, a qual nos fixa em sentimentos e pensamentos negativos, fazendo com que nos autocondicionemos a monoideias prejudiciais. Escreve Dra. Marlene, comentando e, ao mesmo tempo, citando André Luiz:

> Não podemos nos esquecer de que a ideia é um "ser" organizado por nosso espírito, a que o pensamento dá forma e ao qual a vontade imprime movimento e direção. (p.29).

Ora, uma auto-obsessão não fica fechada em si mesma, de vez que somos pessoas conviventes e, assim, nossas atitudes e atos atingem nosso entorno humano. Então, nem será preciso discorrermos sobre o fato de que uma auto-obsessão pode paralisar um crescimento espiritual.

De todo modo, há também *influenciações temporárias* que atraímos e que, igualmente, podem ser paralisantes da progressão íntima. O quadro das obsessividades é complexo, apresentando, inclusive, por energias telepáticas, *obsessão de entidades encarnadas sobre outras também encarnadas.* São forças negativas dos ciúmes vários, inclusive do irritar-se com o sucesso alheio ou, - em caso extremo - desejar o mal para o semelhante. Não é preciso dizer que aqueles que caem nessa triste dinâmica, são sujeitos ao não-crescimento espiritual. Nunca se duvide da força, boa ou má, do pensamento.

A complexidade que ora comentamos, mostra-nos as obsessões de *encarnados sobre os desencarnados* - intermináveis revoltas sobre a partida de pessoas queridas, que desencarnam, às vezes tragicamente. Como uma pobre mãe que conheci que, durante vinte e três anos ia ao túmulo do filho (que desencarnara aos sete anos), talvez com intenção de mostrar ao espírito do filho, agora jovem, sua não aceitação de havê-lo "perdido".

Obsessões outras por diversas razões e de diferentes modalidades de entidades *desencarnadas sobre encarnadas*; todos esses tristes quadros podem bloquear de forma paralisadora os crescimentos espirituais, de umas e de outras. Nunca nos esqueçamos, porém, de quanto podemos atrair essas companhias difíceis, não nos esquecendo, também, de que há possibilidades de tratamento espiritual que beneficiem a vivos e "mortos"; normalmente, tratamentos por dialogação e fluidoterapia - sempre garantidos pelas bênçãos divinas.

A interexistencialidade (intercâmbio entre encarnados e desencarnados), embora negada por estas ou aquelas doutrinas, permanece sendo um fato. Nestas páginas simples, não faremos estudo que aborde os tristes extremos da *fascinação* ou da *subjugação*, pois há muitas obras que trabalham competentemente tais teorias (como o livro citado da Dra. Marlene S. Nobre).

3. Cuidemos! Cuidemos!

Ninguém está neste mundo "a passeio". Todos temos o dever de empenhar-nos no crescimento espiritual. O apóstolo Paulo e outros apóstolos, São Bernardo de Claravalle (século XII), São Francisco de Assis (século XIII), Santa Clara de Assis (século XIII), Dr. Albert Schweitzer, Mahatma Gandhi, Irmã Dulce da Bahia, Francisco Cândido Xavier, Madre Tereza de Calcutá e tantíssimos outros deixaram-nos ver, por seus exemplos, que o enobrecimento e o crescimento espiritual SÃO POSSÍVEIS. Disse a mim certa vez o Dr. Alceu Amoroso Lima - uma alma nobre - ao ver-me considerar nosso campo educacional como um mister excessivamente difícil: "Olhe, amigo professor: o fácil é fácil, difícil mesmo só o difícil. E é este último que deve interessar aos corações generosos" (entrevista, 1983).

Ainda ouço a voz do mestre Alceu a dizer-me

isto, com a beleza espontânea de seu estilo. Alegra--me muito poder encerrar este breve texto com tais dizeres de um pensador católico, sempre docemente aberto para acolher este não-católico que agora produz estas páginas.

> Como o vento, o Espírito sopra onde quer. (João 3:8).

III

Espíritos em diálogo

Uma coisa é *coexistir*, ou seja, apenas estarem as pessoas umas ao lado das outras, sem que isto implique interesse humano ou solidariedade; outra coisa é *conviver* (do latim: *cum vivere*), esta realidade exigindo intercâmbio e diálogo. De palavreado nosso mundo está cheio; fala-se, e fala-se muito *diante* de outras pessoas. Todavia, palavreado se distingue de diálogo, de vez que dialogia se caracteriza por dirigirmo-nos *a* outra, ou outras pessoas em busca de um intercâmbio para enriquecimento recíproco. *Dia-logos*: quando duas visões de mundo se encontram, ambas buscando alguma forma de fazerem-se mais ricas. Quando inexiste diálogo, falta o que é mais essencial no amor ao próximo.

Tanto no mundo espiritual quanto aqui, em nosso plano de encarnados, os espíritos que realmente desejam evoluir formarão autênticas teias dialógicas. Aqui não nos referimos a coisas particulares como confidências cheias de cuidado e segredo; tampouco às discussões intransigentes e cheias de posições inarredáveis podem ter a abertura de tolerância que caracteriza os diálogos. Estes se voltam para questões mais universais e que possam vir a interessar às amplitudes do existir humano em sua riqueza plural.

Graças a certas faculdades mediúnicas percebemos que o mundo humano é muito mais do que comumente nos é dado ver. Estamos cercados por entidades desencarnadas, as quais serão melhores ou piores segundo o que o nosso mundo mental atraia. Faz-se assim possível, de forma direta ou indireta, o diálogo interexistencial. Neste passo, vemo-nos na necessidade de cuidar: 1) da importância dos diálogos, como já vimos assinalando; 2) de tudo, ou quase tudo que nos afasta da dialogia e, consequentemente, empobrece-nos; 3) de aspectos dos Evangelhos que, por assim dizer, exemplificam a grandeza que a dialogia pode ter, até mesmo transformando tantas vidas.

1. Cárceres que nos afastam da dialogia

Volto à afirmação crística de que "Como o vento, o Espírito sopra onde quer". Isto porque muitos séculos antes de Cristo até os dias atuais há uma fulgurante trajetória de assistência à humanidade. Muitos foram os missionários da Espiritualidade Maior que visitaram esta Terra e, com sementes variadas, foram realizando importantes plantios; coisa que só nos abrimos para reconhecer quando nos livramos de fundamentalismos separatistas.

Muitos séculos antes de Jesus, o destemido e lúcido Moisés veio a este mundo com missões bem complexas, tanto de legislador quanto de pregador do monoteísmo, sendo que as tribos semíticas acabaram distorcendo parte dos seus valorosos ensinamentos. Na sequência, e noutra parte do mundo, Ieseus KRISHENA (4.800 anos a.C) fazia brilhar a vida e o pensamento orientais na Índia com o monumental Baghavad Gita. No mesmo século, vinha ainda ao Oriente o príncipe Sidartha Gautama, da dinastia Sákia, cuja história de iluminação foi tão incrível que, ao final seu nome passou a ser O Buda (O Iluminado); e até hoje, milhões e milhões de budistas se beneficiam de seus ensinamentos divulgados pelo XIV Dalai Lama do budismo tibetano.

Em minhas leituras da obra do Dalai Lama, bem como em meu assistir a DVDs e documentários dele, vejo linda figura da compaixão e da solidariedade no mundo atual. Figura humilde, no entanto imensamente sábia. Disse-me o ex-frei franciscano Leonardo Boff: "estive algumas vezes em eventos juntamente com o Dalai Lama, e devo honestamente dizer que nas tantas décadas de minha vida, não conheci ninguém tão bom e iluminado". Ora, tenhamos abertura para reconhecer grande herança do budismo.

Pois bem, no V século a.C Sócrates vem à humanidade, e seus ensinamentos partidos do "Conhece a ti mesmo" - não em introspecção misantropa apenas, mas também mediante os semelhantes - chegam a ser avaliados por Allan Kardec como precursores da doutrina do Cristo. Sócrates, que nada deixou escrito, estudou o seu EU em relação aos semelhantes, estudando os semelhantes em relação ao seu EU - tudo de forma exigente, mas humilde.

Veja-se que o diálogo foi sempre o essencial segredo de todos esses luminares. Os *Analectos* em que o mestre Confúcio dialogou vasta sabedoria e os ensinamentos de tantos outros missionários; a já citada primeira revelação mosaica, o momento de extremo impacto e luz indescritível da segunda revelação crística e outros momentos que conduziram à aproximação da plêiade do Espírito Verdade, no século XIX, a terceira revelação pelo missionariado de Allan Kardec. Nesse segmento histórico, o Cristianismo dos primeiros tempos ganha cristalinidade e faz-se Cristianismo Redivivo, e os altos mentores do Plano Maior querem diálogo compassivo entre os servos de Jesus e filhos de Deus Pai.

Pois quando olhamos para este nosso tempo, com certa melancolia constatamos que grande número de irmãos nossos ainda se veem incapacitados na antidialogia. Nobres pensamentos religiosos são transformados em algo como "torcidas organizadas" nas quais impera terrível intolerância para com os que pensam e vivem de modos diferentes. É o perigo - teórico e prático - de arrogâncias doutrinárias e inflexíveis posturas humanas.

Há negação materialista (ao menos dos setores mais inflexíveis, mais do que agnósticos e duvidantes), negação de Deus Pai e da Espiritualidade. Uma negação abolidora do convívio com a diversidade: essa realidade humana pluridimensional encantadora que é constante convite à dialogia. Diz o rabino Bonder em seus livros que o adversário do espiritualismo, não é o materialismo e sim é o fanatismo, de vez que os fanáticos, por sua intolerância, só têm respostas prontas e não prezam o diálogo - esse diálogo tão humano. Há hoje um neo-ateísmo absolutamente fanatizado, bem como há denominações religiosas também fanatizadas; essas realidades não evoluem para lado nenhum. Todos esses cortam de suas vidas a riqueza intercambial da dialogia. São realidades encarceradas em si mesmas que, mesmo bem-intencionadamente, algumas vezes, negam a essência dos ensinamentos evangélicos. Pensarem-se "eleitos" ou "salvos" é voltar as costas para os nossos *deveres* de crescimento espiritual.

A importância do diálogo principia no âmago das famílias, e deve estender-se compassiva e solidariamente a toda a vida social. E ai daqueles que, galgando posições socialmente valorizadas, caem na armadilha de se comportarem como "super-cidadãos" (cidadãos acima da cidadania comum), pois estes não encontrarão uma única página dos Evangelhos em que o Governador deste orbe - Jesus, o Cristo - admitiu viver de forma mais importante que outros filhos de Deus.

Tomemos, pois, todo cuidado com os cárceres, criados pela sociocultura ou por nós mesmos, capazes de obstar nosso diálogo com o mundo e com nossos irmãos de caminho. DIA-LOGOS: duas visões de mundo se encontram para se conhecerem e refletirem acerca dos fundamentos da vida.

2. Jesus e a samaritana no poço de Jacó (João 4:4 e seguintes)

Segundo João Evangelista, o Mestre Jesus precisou atravessar a província de Samaria, o que nem sempre era feito por algum judeu. E em uma cidade chamada Sicar deu-se o encontro entre uma mulher samaritana de grande simplicidade e aquele que se dizia "A luz do mundo"; o que se fizera em ocasião para belo e histórico diálogo. O Rabi, após longa caminhada, estava cansado e sedento e se sentou junto ao poço de Jacó, contemplando aquela fonte. Aproximou-se então a mulher para prover-se de água, e Jesus disse-lhe: "Dá-me de beber".

A samaritana espantou-se de fato e disse àquele judeu: "Como sendo tu judeu, pedes de beber a mim, que sou samaritana?" (isto porque os judeus e samaritanos não se davam). Jesus, o Cristo de Deus, disse então àquela mulher: "Se conheceras o dom de Deus e quem é que te pede: dá-me de beber, tu pedirias a ele e ele te daria água viva". A samaritana arguiu: "És tu, porventura maior do que Jacó, nosso pai, que nos deu o poço, do qual ele mesmo bebeu e, bem assim, seus filhos e seu gado?" Por enquanto, para a mulher de Samaria, ela se deparava com um jovem excessivamente pretensioso. Interiormente perguntava-se: seria isto mesmo?

Jesus, de modo sereno, mas firme, disse a ela: "Quem beber dessa tua água voltará a ter sede. Aquele, porém, que beber da água que eu lhe der nunca mais terá sede; pelo contrário, a água que eu der será nele uma fonte a jorrar para a *vida eterna*". Agora não eram tanto aquelas palavras metafóricas que propriamente impressionavam a mulher. Era aquela presença, seu rosto e seu olhar, era a vibração que tomava conta daquele momento. O Rabi, vendo-a atônita, disse-lhe: "Vai, chama teu marido e vem cá"; ao que (ainda mais assustada) lhe respondeu a mulher: "Não tenho marido". Replicou-lhe Jesus: "Bem disseste, não tenho marido; porque cinco maridos já tiveste e esse que agora tens não é teu marido; isto disseste com verdade".

Profundamente impressionada, talvez por não perceber qualquer peso de censura moralista nas observações do Rabi, a samaritana o olhou nos olhos - olhos densos de amor - e disse: "Senhor, vejo que tu és profeta. Nossos pais adoravam neste monte, em que estamos; vós, judeus, dizeis que é em Jerusalém que se deve adorar". Jesus a interrompeu, dizendo: "Mulher, podes crer-me que a hora vem, quando nem neste monte, nem em Jerusalém adorarás o Pai (...) Deus é espírito; e importa que os seus adoradores o adorem em espírito e em verdade".

Repetindo os profetas disse a mulher: "Eu sei que há de vir o Messias, chamado Cristo; quando ele vier, nos anunciará todas as coisas". Jesus, o qual imaginamos, olhando bem nos olhos da samaritana de modo a atingir-lhe a alma, replicou a um tempo pacífica e fortemente: "Eu sou o bom Messias, eu que falo contigo". Ao ouvir isto, a mulher deixou o seu cântaro, foi à cidade e disse aos homens: "Vinde comigo e vede um homem que me disse tudo quanto tenho feito. Será este, porventura, o Cristo?".

Muitos a acompanharam, foram conhecer o sereno Rabi. E muitos outros creram nele em razão daquela presença tão forte e da força de verdade das suas palavras.

Como se vê, todo um movimento nascia de um diálogo autêntico que o evangelista João registrou para oferecer-nos. Não sei se é coisa apenas minha, mas fico maravilhado com isso.

3. Interexistencialidade e diálogos

Consta que na década de 1990, Chico Xavier questionara seu mentor Emmanuel sobre qual, propriamente, era a população de nosso planeta. Respondeu-lhe o mentor que a população da Terra estava estimada em 21 bilhões de criaturas humanas. Chico, obviamente assustado, disse-lhe que, estatisticamente, só contavam, então 6 bilhões e oitocentos e setenta milhões de habitantes; ao que Emmanuel observou, em tom jocoso: "Você vê, Chico, como enxergamos pouco?"

Albert Einstein, prêmio Nobel de Física, juntamente com WilliamTiller (Stanford University) organizaram, baseados na fórmula einsteiniana Energia = massa x o quadrado da velocidade da luz: $E = m \times c^2$, organizaram o chamado "Esquema Espaço/Tempo Positivo/Negativo Tiller/Einstein", brevemente explicável assim: toda aceleração de energia que vá à barreira do quadrado da velocidade da luz, define o espaço/tempo positivo (mundo visível e palpável). E as acelerações energéticas que ultrapassam o quadrado da velocidade da luz, ainda de forma *natural* definem o espaço/tempo negativo (mundo etéreo, invisível comumente e impalpável).

Com este belo raciocínio físico, vamos vendo que, o que enxergamos da realidade humana terrestre é muito pouco - a não ser quem foi privilegiado com faculdades de clarividência. Assim, as entidades desencarnadas convivem conosco, desde que ainda ligadas - por laços bons e ruins - à vida terrestre. Este é, pois, o princípio da dialogia interexistencial.

Nós espíritas-cristãos, temos como maior fundamento doutrinário um denso, belo e completo diálogo intitulado *O Livro dos Espíritos*. O notável intelectual de Lyon, professor Denizard Rivail, foi (pelo Espírito de Verdade) habilmente convidado para inquiridor. Aceito o convite e auxiliado por médiuns jovens, viu as comunicações dos membros da vasta equipe do Espírito de Verdade confirmadas por correspondência, que o professor Rivail mantinha com outros médiuns de várias partes do mundo.

Por largo tempo manteve-se um diálogo soberbo entre o brilhante inquiridor encarnado e as entidades de luz, com suas respostas precisas, depois ricamente comentadas pelo próprio professor lionês. Interexistencialmente, o mundo encarnado dialogava com sábios desencarnados. Passaram-se a repetir diálogos assim, até mesmo muito usados em trabalhos de desobsessão, tanto para auxiliar obsessores em seus caminhos espirituais, quanto para aliviar obsedados. Agora, a interexistencialidade não tinha aparência mágica, e apenas configurava relações do einsteiniano espaço/tempo positivo (mundo físico) com o espaço/tempo negativo (mundo etéreo).

Lembremo-nos, para fazer justiça, da segunda parte do livro *Não será em 2012*, na qual se registra extraordinário diálogo havido em certa madrugada de Uberaba (MG), entre o então jovem Geraldo Porto Lemos e o mentor Emmanuel, pela psicofonia de Chico Xavier, sobre os tempos futuros do nosso planeta e de sua humanidade. De nossa parte consideramos esse segmento do texto global, um precioso diálogo espírita interexistencial. Em meio aos pavores da Guerra Fria, o mentor equilibra com seriedade nossa visão de futuro.

Assim se vêm relacionando, de forma brilhantemente solidária ou de modo problemático, os diferentes planos da existência humana.

Concluindo...

Fugindo a maiores complicações, procuramos nestas páginas demonstrar a importância da dialogia, nos mais variados níveis.

Repitamos: diálogo não é confidência restritamente segregada ou discussão exaltada e desabrida. É partilha. Partilha de visões de mundo e vida, em busca de crescimento interior.

Bem-aventurados os familiares, os amigos, os correligionários ou colegas que fazem do diálogo o culto à diversidade e o glorioso exercício de tolerância e compreensão.

Tiramos do global do Cristianismo Redivivo a lição de que Deus nos deu a PALAVRA para que nos ENTENDAMOS - ainda que em nossas diferenças. Mereçamos o que nos foi legado!

IV

A FORÇA DAS PALAVRAS NA VIDA ESPIRITUAL

Conheço excelente expositor espírita que, estranhamente para mim, se tem dedicado a negar a força das palavras. Se nos pusermos seriamente a observar e a refletir, veremos que nas relações entre emoção e cognição podem ocorrer vulcanismos emocionais; mas uma coisa é certa: não há pensamento sem palavras e nem palavras sem pensamento. A mais, palavras quase nunca são realidades neutras, sendo mais comum que venham carregadas de emoções.

O filósofo alemão Martin Heidegger, grande figura do século XX, legou-nos importantes estudos sobre comunicação humana. A certo passo de seu pensamento Heidegger diz-nos que homens e mulheres são seres que falam, em razão de que a palavra é a sua pátria. Ousadamente eu acrescento: e como falam! Falam em vigília, acordados, e falam enquanto dormem, em seus sonhos. No entanto, esses seres que falam não têm aparelho fonador. Várias partes do corpo são tomadas de empréstimo para que falemos. Os pulmões são, originária e essencialmente, órgãos de trocas gasosas e... acabam sendo os foles da fala humana.

A laringe é órgão protetor da entrada da traqueia, a qual deve oferecer caminho limpo para os pulmões. Por sua vez, a língua - juntamente com as glândulas salivares - é órgão do sistema digestório, fazendo com os alimentos uma espécie de "betonagem", levando-os para os dentes cortadores, para os perfuradores e para os massetadores, enquanto a saliva faz uma quimificação que permite a primeira digestão bucal.

Aquilo, na laringe que chamamos de "cordas vocais" não são mais que duas pregas originariamente auxiliares da proteção à traqueia. Para não pensarmos que não há nada que se preste à, em parte, produção da fala, lembremo-nos da "campainha" - aquela espécie de estalactite que se situa no fundo do céu da boca. Todavia, como costumava lembrar o foniatra e teatrólogo Pedro Bloch, na verdade o ser humano fala porque é um ser transcendente (desde que não confundamos psitacismo com fala intencional e de sentido).

Na verdade, nós humanos temos múltiplas linguagens. Falamos com o corpo: linguagem corporal global; temos a riqueza da linguagem gestual; temos a linguagem facial e, nesta, a linguagem dos olhos - que são tidos por "janelas da alma". A tudo isto se acrescentam, ao longo da história, a fala e a escrita.

Somos muito expressivos, o que é, ao mesmo tempo, bom e perigoso. Por isto temos que ter muito cuidado com as palavras, pois estas podem tanto testemunhar a Deus quanto invocar as piores forças. Assim que não logro entender como duvidar-se da força das palavras, desde que estas não resultem de gravações que são externadas por bonecos previamente preparados, mas, sem dúvida, totalmente desdotados de emoções.

Caminhemos juntos, os leitores e eu, pelos caminhos que necessariamente haverão de levar-nos à compreensão, sim, da força das palavras, principalmente na dinâmica espiritual de nossas relações.

Caminhemos!

1. Livramento do cativeiro: um processo de história hebraica

A certa altura do livramento do cativeiro egípcio, mais precisamente no terceiro mês de jornada pelo deserto, Moisés foi chamado ao Monte Sinai, e Deus exigiu que fosse sua testemunha próxima o corretíssimo Arão - os demais mantendo-se à distância.

Após conhecido introito de Jeová ("Eu sou o Senhor teu Deus que te tirou da escravidão", etc.), foi ditado a Moisés O Decálogo, primeiros e definitivos mandamentos posteriormente gravados em pedra, o que passou a ser conhecido como as TÁBUAS DA LEI. Uma legislação divina e perfeita que, embora ao longo do Pentateuco (primeiros cinco livros da Bíblia), tendo sido vítima de variadas alterações, consoantes com interesses da cultura hebraica, manteve-se como A Lei Fundamental.

Do decálogo mosaico fazia parte um mandamento incandescente, palavras chamejantes e poderosas: "Não matarás". Palavras que ao longo da história têm recebido interpretações rasas e insuficientes, como se focalizassem apenas homicídios - isto desde a Antiguidade hebraica até os dias de hoje. Como ativista, legislador e definidor do monoteísmo ("Deus é um e um só"), Moisés realizou, na história, o que chamamos de "Primeira Revelação".

Em *O Evangelho segundo o Espiritismo*, inaugura as "Instruções dos Espíritos" uma bela mensagem assinada por "Um espírito israelita", e datada de 1861. Ali o espírito israelita diz, entre várias considerações de importância, que "Moisés abriu o caminho; Jesus continuou a obra e o espiritismo a concluirá" (Cap. I, p. 47, 131ª edição, 2013). Disse a entidade iluminada que a grande moral cristã (como Segunda Revelação) teve Moisés como seu preparador (p. 46).

Ao dizer o mestre Jesus que não viera destruir a Lei, mas sim cumpri-la, vemos que o fez com os poderes do AMOR e da CARIDADE, ornamentados estes pelo PERDÃO. E, nas páginas dos Evangelhos, é extraordinariamente importante observarmos os cuidados de Jesus com atitudes, gestos e palavras - reconhecendo sempre o poder destas coisas sobre as vidas humanas em geral.

Ora, no Evangelho de S. João está prometido por Cristo, o envio da Paráclito, do Consolador Espírito de Verdade, em nome do Espírito Santo de Deus, para que os ensinamentos do mestre Jesus, agora despojados de alegorias, parábolas e outras metáforas, fossem oferecidos como a Terceira Revelação, agora simples e transparentemente raciocinada. Assim, nada diferente disto encontramos nas obras da codificação doutrinária trazida, no século XIX, pelo missionariado de Allan Kardec.

Ora, a finalidade da doutrina espírita é a de aprimorar nosso *comportamento* individual e social. Tiremos, então, alguns ensinamentos sobre a força indescritível das atitudes e das palavras.

Nossas atitudes e palavras pronunciadas (linguagens corporal e falada) são claramente direcionadas para os nossos semelhantes; isto formando poderoso "campo energético e vibratório" entre humanos. Quantas vezes nossas palavras são verdadeiramente devastadoras, semelhantes a inundações, cataclismos e tufões. Da mesma forma que há silêncios intencionais cheios de uma eloquência perigosa, como nas situações de descasos e indiferenças em relação aos semelhantes. Palavras nossas muitas vezes carregam julgamentos fáceis e levianos, filhos de certa arrogância; e, jeitosamente, levantamos suspeitas do tipo "consta que..." ou "comenta-se que...", para não falarmos de ironias e apenas sorrisos maldosos.

Ah! O ambiente dos lares, das comunidades religiosas, dos nossos locais de trabalho - de quanto cuidado tudo isso necessita! Deve-se ter bom humor, brincadeiras, certa intimidade, desde que esta última não seja degenerada em vulgaridade desrespeitosa. Como se vê, o aspecto sempre delicado é o das palavras ditas. Li, certa vez, que três coisas não voltam: a flecha atirada, a palavra dita e a oportunidade perdida. Afinal, palavras são descarga *física* de uma carga *psíquica*. Disse o mestre Jesus:

> O homem bom do bom tesouro do coração tira o bem, e o mau do mau tesouro tira o mal; porque a boca fala do que está cheio o coração. (Lucas 6:45)

Não há como se negar, portanto, que podemos enfermizar ou mesmo matar com as palavras. Ora, como até aqui tratamos acentuadamente da importância do diálogo, nada de diferente podemos fazer com a análise das muitas forças (boas e ruins) das palavras.

2. O lado solar e luminoso também existente nas palavras

Rara a pessoa que não foi, alguma vez, aliviada e confortada por palavras pacíficas e iluminadas. Nosso verbo e nossas atitudes podem ser orvalhos de paz sobre vidas aflitas. O autor destas páginas, em diversas fases de sua vida, viu-se fortalecido, energizado e equilibrado com abençoadas palavras que dedicados amigos, educadores e irmãos de humanidade lhe disseram.

Naturalmente, há os que se perdem pelos descaminhos da maledicência. É grande pena, pois, em *O Livro dos Espíritos* (questão 903) o missionário Kardec pergunta: "É aceitável estudar-se os defeitos alheios?" A que os mentores respondem: "para comentá-los, NUNCA; para própria edificação silenciosa, SIM."

Peço aos leitores que me permitam concluir o tema destas páginas com uma prece.

Senhor! Vós que destes a maravilha do uso
livre da palavra, limpai, ó Deus, meu coração
para que por minha boca saiam o bem e o amor.
Se achardes por bem, dai-me o imenso dom de
auxiliar vidas com minhas atitudes e palavras.
Fazei firmes, mas humanas e respeitosas
minhas palavras quando for necessário
honestamente discordar de alguém ou de lhe
chamar a atenção.
Que, apesar de mim mesmo e de minhas
tantas imperfeições, eu vos possa testemunhar
hoje e sempre.
Faça-se, Senhor Deus, a Vossa vontade!

V

As caridades

Na segunda década deste nosso século XXI, cerca de um bilhão de seres humanos em nosso mundo passam fome e vivem os desesperos disto; outro tanto enorme vive em casebres miseráveis e tristes barracões, para ainda não falarmos das multidões que, nas ruas e expostas à intempérie, enfrentam um processo progressivo de enlouquecimento, estendendo encardidas mãos para suplicar moedas e enfrentando medo constante de violência. Ah! Que terríveis sofrimentos mancham nosso mundo!

Talvez sejam estas as razões que mais prendem a atenção dos de boa vontade aos quadros da caridade material. Encontramos, então, em *O Evangelho segundo o Espiritismo* (131ª edição, 2013), em seu capítulo 11, tocante mensagem de Isabel de França (Havre, 1862), na qual lemos:

> A verdadeira caridade não consiste apenas

> na esmola que dais, nem mesmo nas palavras de consolação que lhe aditeis. Não, não é apenas isso o que Deus exige de vós. A caridade sublime, que Jesus ensinou, também consiste na benevolência que useis sempre e em todas as coisas para com o vosso próximo. Podeis ainda exercitar essa virtude sublime com relação a seres para os quais nenhuma utilidade terão as vossas esmolas, mas que algumas palavras de consolo, de encorajamento, de amor, conduzirão ao Senhor supremo. (p. 162).

Ora, até aqui temo-nos dedicado a temas como a força das palavras e atitudes, a riqueza da dialogia - entre encarnados, bem como entre encarnados e desencarnados. E pensamos agora ficar claro que, sem qualquer descaso para com a caridade material, vai-se realçando aquilo que passaremos a chamar de caridade moral. Afinal, disse o mentor Emmanuel com sua habitual precisão que, quando uma pessoa ergue os olhos para dizer "Pai nosso", ela não está apenas reconhecendo a paternidade de Deus, mas também assumindo toda a humanidade como sua Irmã. (Cfr. *O Evangelho por Emmanuel* – comentários ao Evangelho segundo Mateus, tomo 1, 2014).

Nossas atitudes, se praticarmos autocrítica e tivermos cuidado conosco, farão cumprir-nos *ser, em máxima sinceridade, exatamente quem somos*. Não há maior respeitabilidade do que sermos sinceros.

1. CARIDADE MORAL: INDO EM FRENTE

Quem merece compaixão? Sem dúvida, todos nós seres humanos. Já se disse que piedade é uma relação vertical, isto é, os que estão em alguma posição superior tendem a sentir piedade pelos que se encontram em inferioridade. Isto não ocorre com a compassividade, a qual se desenha como uma relação de horizontalidade; exato porque todo ser humano merece compaixão de seus semelhantes.

Além disso, a caridade moral não abriga omissões. Sempre é possível falarmos cuidadosamente e sem tom autoritário, mas com firmeza se necessário. Este autor, por mais de quatro décadas no interior de Universidades, vezes sem conta, precisou demonstrar equívocos alheios, sempre procurando fazê-lo com máximo respeito pelas pessoas. E graças a tais cuidados, o autor destas páginas ganhou numerosos amigos - desde que advertidos com humanidade.

A mais, a caridade moral não admite preconceitos. Encontramos, nas páginas evangélicas, o mestre Jesus convivendo igualmente com prostitutas, publicanos (que em sua maior parte eram funcionários corruptos do Império Romano) e até mesmo homens tidos como de má vida. Ora, no que diz respeito a egoísmos, que com frequência estão ligados a preconceitos, a caridade moral se desfaz se nos julgamos mais importantes ou superiores aos semelhantes social e financeiramente mais desprivilegiados. O dia no qual conseguirmos olhar os filhos dos outros com o carinho com que contemplamos os nossos, certamente teremos um mundo mais amigo.

Vê-se, portanto, que a dignidade intrínseca a todo ser humano, exige de nós sólidas atitudes de respeito e, como consequência, cuidado com gestos e palavras ao dialogarmos com nossos semelhantes.

Li certa vez com grande enlevo, que na parábola evangélica do "Samaritano Misericordioso" que encontramos no Evangelho de Lucas (10:30-37), todas as personagens estão qualificadas: perto do homem assaltado e gravemente feridas, passaram um *sacerdote* e um *levita*, foram-se e não se quiseram envolver com o ferido. Veio a caminho um *samaritano* que, movido de íntima compaixão, socorreu o ferido e, pondo-o em sua montaria, levou-o à estalagem mais próxima, entregou-o ao *estalajadeiro*, prometendo reembolsá-lo dos gastos que tivesse nos cuidados com aquele homem sangrante. E o texto que conheci dizia: todas as personagens estavam textualmente qualificadas; mas aquele que mereceu amparo amoroso, este, na parábola, era apenas "um homem".

No próprio ensinamento de Jesus este deixa claro, meridianamente claro, que para merecer material e moralmente a caridade, bastava ser "um homem".

2. Voltando à caridade material

Tem-se dito que, nesta sociedade de consumo na qual vivemos, as coisas valem cada vez mais e as pessoas cada vez menos. Logo, é uma sociedade que pede compaixão. Quanto vale hoje uma vida humana? Em 2002, o jovem Eduardo Lamarque (23 anos) foi assassinado a pancadas e teve uma caneta cravada em seu olho esquerdo, em Campinas (SP). Motivo? Uma dívida de cinco reais. Em São Paulo (SP), um dono de bar matou um cliente que relutava a pagar-lhe cinco reais. Sete moradores de rua foram assassinados por espancamento, na região central da cidade de São Paulo. Motivo? Nenhum, apenas desprezo por eles (Amendola, 2005, pp. 18-19).

A compassividade caridosa de algum modo precisa ser recuperada. Como na época (séc. XIX) em que o Dr. Adolfo Bezerra de Menezes, exercendo a medicina no Rio de Janeiro, empobrecera-se de tanto comprar, ele mesmo, os medicamentos que prescrevia a pessoas sem recursos financeiros. Certo dia, o Dr. Bezerra recebera em seu consultório uma criança gravemente enferma, naturalmente trazida por sua mãe. Quando o médico terminou de escrever a receita, viu que a mãe da criança chorava; esta lhe disse: "Doutor, eu não tenho qualquer dinheiro para providenciar os remédios". O Doutor, comovido, se lembrou de que ele também estava sem dinheiro. Enquanto olhava para suas próprias mãos, tirou do dedo seu anel de médico e disse àquela sofrida mãe: "A senhora vá à farmácia aqui de frente e diga que o doutor Menezes deu seu anel para pagamento dos medicamentos". Não sem razão fora chamado, à época, o grande "médico dos pobres". Não sei se hoje teríamos alguém com tal senso humanitário; não sei mesmo, tomara que tivéssemos! Este autor, em sua infância e adolescência, conheceu médicos que, se em uma casa uma pessoa estivesse muito mal, eles ficavam na casa um dia e uma noite inteiros, cuidando do paciente e humanamente apoiando a família em sofrimento. Só algum tempo depois foi-nos dado entender porque nossa mãe chamava esses profissionais de "médicos hipocráticos". Ah! O juramento de Hipócrates que, repetido em formaturas, tanto tem sido vilipendiado por médicos pragmaticamente financistas.

Foi-nos dado conhecer, na década de 1960, um casal de namorados. Ela, estudante ainda e mantida pelos pais; o rapaz, ligado a um emprego de pouco mais de um salário mínimo. Eles nos contaram que conheceram uma família que "se escondia" em um casebre à beira da Rodovia Presidente Dutra. Como os namorados não tinham recursos, pediam aos seus familiares e amigos saquinhos de alimentos; e sábado ficavam com suas almas em festa ao levarem ao casal e seu filhinho, uma boa cesta de víveres.

Também pudemos ver (mas ver mesmo!) no interior de um *shopping center* um jovem normalmente trajado (isto é, não estava esfarrapado) que tinha aguda fome, mas não tinha dinheiro. Ele abordou várias pessoas que estavam comendo, pedindo um pedaço do sanduiche ou um pouquinho da comida alheia - sendo sempre expulso, de má vontade. Indo o rapaz para a calçada de fora do *shopping*, ali se alimentava um mendigo que de alguém ganhara umas esfihas. O mendigo tomou a iniciativa de repartir sua comida com o jovem. Ah! Como está desencontrada essa nossa sociedade! O que ainda a salva são instituições beneficentes e de assistência social, principalmente (não apenas) lideradas por comunidades espíritas-cristãs.

É nosso pensamento que toda pessoa que pede, precisa. Precisa materialmente ou precisa emocionalmente, pois que pouca coisa é mais horrível do que PEDIR.

Como conclusão

Ninguém cresce ou evolui espiritualmente sem espírito caritativo. Voltar as costas para os semelhantes necessitados, de alma ou de corpo, é exatamente voltar as costas para Deus e para Jesus. Não fora isso verdade, o capítulo 15 de *O Evangelho segundo o Espiritismo* não teria como título "Fora da caridade não há salvação."

A caridade que espera recompensa não é caridade; é, quando muito, um investimento incerto e meio idiotizado. Disse Jesus:

> Quando, pois, deres esmola, não toques trombetas diante de ti, como fazem os hipócritas, nas sinagogas e nas ruas, para serem glorificados pelos homens. (...)
>
> Tu, porém, ao dares esmola, ignore a tua mão esquerda o que fizer a tua mão direita. (Mateus 6:2-3).

Às vezes, aquilo de que os semelhantes necessitam é de uma palavra equilibrada e confortante; outras vezes é de um gesto magnânimo que nosso próximo necessita. Mas ainda outras vezes, é de que lhe ofereçamos a refeição que aplaca a fome e renova as cores do viver. Para tudo isto somos chamados. E ai de nós se nada quisermos oferecer ao próximo.

> Amai vossos semelhantes como a vós mesmos
>
> ***(Jesus).***

VI

Variação em torno de uma melodia crística

O sopro de Deus andava entre os pescadores. Entre estes também estava o mestre Jesus. Uma sinfonia nova se preparava no mundo. Nova luz alumiava o Tiberíades e fazia seus ares fremirem em novidade de vida.

No entanto havia uns olhos tristonhos em um rosto magoado que se entregava em dedicação a Jesus. Era o discípulo Bartolomeu. O divino Rabi observava e observava o bom Bartolomeu, lendo o que se passava em seu mundo interior. E, certa noite - início de noite - Jesus convidou o discípulo Bartolomeu para uma conversa; convite a que acedeu o discípulo, um tanto emocionado.

Logo nos primeiros movimentos da conversação, o Nazareno perguntou a seu dedicado seguidor: "Meu bom Bartolomeu, por que essas tristezas?" Cabisbaixo, o discípulo vai-se abrindo, tímida, mas sinceramente.

> Mestre - exclamou timidamente - não saberia nunca explicar-vos o porquê de minhas tristezas amargurosas. Só sei dizer que o vosso Evangelho me enche de esperanças para o reino de luz que nos espera os corações, além, nas alturas... Quando esclarecestes que o vosso reino não é deste mundo, experimentei uma nova coragem para atravessar as misérias do caminho da Terra, pois, aqui, o selo do mal parece obscurecer as coisas mais puras!... Por toda parte é a vitória do crime, o jogo das ambições, a colheita dos desenganos! (2000, 26ª edição)

Estas últimas palavras de Bartolomeu foram abafadas por suas muitas lágrimas. Jesus o olhou com brandura e falou-lhe com serenidade:

> Bartolomeu, irmão querido. O que lhes ensino é Evangelho, isto é, Boa-Nova. Acaso você já terá visto uma boa notícia não trazer alegria? Se este mundo não me importasse, a ele eu não teria vindo. Apenas

> o meu Evangelho *ainda* não é deste mundo, explicou o Rabi.

Sentindo dores internas no discípulo, continuou Jesus:

> A vida terrestre é uma estrada pedregosa, que conduz aos braços amorosos de Deus. O trabalho é a marcha. A luta comum é a caminhada de cada dia. Os instantes deliciosos da manhã e as horas noturnas de serenidade são os pontos de repouso; mas, ouve-me bem: na atividade ou no descanso físico, a oportunidade de uma hora, de uma leve ação, de uma palavra humilde, é o convite de Nosso Pai para que semeemos as suas bênçãos sacrossantas. (*Ibidem*, p. 57)

Cristo esclareceu ao seu seguidor que as jornadas seriam ásperas, mas obrigatórias para o crescimento, principalmente para resgatarmos antigas e sérias faltas cometidas. Bartolomeu ouvia essas coisas um tanto assustado, mas constatava uma nova luz a acender-se em seu íntimo. Nos tempos atuais, aquele discípulo haveria de tomar carradas de antidepressivos e ouvir algumas "ladainhas" psicológicas, às vezes ineficazes. Mas ele ouvia ponderações crísticas que mexiam nos guardados de sua alma. Após pensar, perguntou ele a Jesus:

> E quando os negócios do mundo nos são adversos? E quando tudo parece estar em luta contra nós? (*Ibidem*, p. 58).

O Divino Rabi opôs à pergunta outras perguntas cheias de respostas.

> Qual o melhor negócio do mundo, Bartolomeu? Será aventura que se efetua a peso de ouro, muita vez amordaçando-se o coração e a consciência, para aumentar as preocupações da vida material, ou (será) a iluminação definitiva da alma para Deus, que se realiza tão só pela boa vontade do homem, que deseje marchar para o Seu amor, por entre as urzes do caminho? (*Ibidem*, p. 58).

Bartolomeu deixou gravarem-se todas essas palavras nas fibras do seu coração, beijou as mãos do mestre Nazareno e, como a noite avançava e ele morava em Dalmanuta – para onde o caminho não era curto - foi para casa, meditando, no silêncio da noite. Havia muita efusão íntima e buscando as raízes de suas mágoas e tristezas, não as encontrou mais em si.

> Chegou à casa pela madrugada. Ao longe os primeiros clarões do Sol lhe pareciam mensageiros ao conforto celestial. O canto das aves ecoava em seu espírito como notas harmoniosas de profunda alegria. O próprio mugido dos bois apresentava nova tonalidade aos seus ouvidos. Sua alma estava agora clara; o coração aliviado e feliz. (*Ibidem*, p. 60).

Assim, quando voltou a encontrar-se com Jesus, o mestre o fixou serenamente com o olhar, e viu descerem lágrimas dos olhos de Bartolomeu. Mas agora sabia o Cristo que eram lágrimas de alegria, vertidas por seu amado discípulo.

A melodia de Jesus, o Cristo de Deus, ficou às margens do Tiberíades e, até hoje, pode ser ouvida com o coração. Tal melodia é ampla, rica, iluminada; é muito maior do que esta breve variação temática, do que estes humildes sons.

A grande melodia de base se encontra na obra

Boa Nova (Francisco Cândido Xavier e Humberto de Campos), cujos primeiros sons remontam a 1941 e que este autor leu, em lágrimas, no ano de 2012, já em 26ª edição datada de 2000.

Quanta grandeza!

VII

Jesus sem simplismo

Dois homens subiram ao templo com o propósito de orar: um, fariseu, e o outro publicano. O fariseu, posto em pé, orava de si para si mesmo, desta forma: Ó Deus, graças te dou porque não sou como os demais homens, roubadores, injustos e adúlteros, nem ainda como esse publicano; jejuo duas vezes por semana e dou o dízimo de tudo quanto ganho. (...) O publicano, estando em pé, longe, não ousava nem ainda levantar os olhos ao céu, mas batia no peito dizendo: ó Deus, sê propício a mim, pecador!

Digo-vos que este último desceu justificado para sua casa, e não aquele, porque todo o que se exalta será humilhado; mas o que se humilha será exaltado. (Lucas, 18:10-14)

O teólogo alemão Helmut Thielicke pôs-me a pensar. Hoje creio dever partilhar breves reflexões com meus irmãos de jornada espiritual; não mais que alguns ligeiros pensamentos derivados da parábola acima transcrita.

Às vezes entendemos, equivocadamente, ver simplicidades - e até mesmo simplismos - nas parábolas crísticas, quando estas são refinadamente elaboradas, embora sua linguagem límpida e despojada. Não é raro que vivamos anos e mesmo décadas considerando, por exemplo, na "Parábola do fariseu e do publicano", a aparente simplicidade tosca de um apenas confronto entre mal e bem. No entanto, é um breve conto moralizante que exige de nós, leitores, uma compreensão mais aprofundada.

Comecemos por suas personagens.

A visão social que ao tempo se tinha dos fariseus, e também dos publicanos, não era boa e nem agradável. Os primeiros eram homens cultos, muito preparados nas tradições culturais judaicas, bem como notáveis conhecedores da Lei mosaica e de suas cultas interpretações. Mas seu rigoroso puritanismo fazia-os de tal modo intransigentes que o povo acabava por temê-los. Ocorre que os publicanos tinham situação ainda pior na apreciação social. Estes eram duros cobradores de impostos, de vez que funcionários do Império Romano, isto é: empregados das tropas de ocupação, frequentemente dados a transações espúrias, com propinas e corrupções. Tanto que, o judeu Levi, ao deixar de ser publicano para seguir o Cristo, adotou o nome grego de Mateus, hoje por nós conhecido como evangelista Mateus.

Veja-se que, de pronto, o mestre Jesus elege, para personagens do seu ensinamento, duas figuras sociais difíceis, normalmente de complexa reputação.

O fariseu, em sua oração da parábola praticamente só faz agradecimentos, e agradecimentos arrogantes, dando graças a Deus por não ser como os demais homens, ladrões, injustos e adúlteros, religiosamente displicentes; dando graças a Deus por não ser como "esse publicano". Afinal, o fariseu fazia mortificantes jejuns e dava o dízimo sobre tudo que ganhava - era impecável. Mas aquele publicano nada agradece; só pede ao Deus Pai: "Senhor, sê propício a mim, pecador". Suplica e bate no peito.

Vista sem profundidade, a parábola aparenta-nos tão só contrapor, de modo direto, a arrogância farisaica à estranha humildade do publicano que, sem sequer erguer os olhos, suplica a misericórdia divina. Que publicano é esse tão fora do desenho que a sociedade tinha dos seus iguais? Afinal, não eram estes criaturas mergulhadas em finanças e coisas materiais, normalmente useiras de corrupções e propinas? Ocorre que o que a parábola crística procura mostrar é que o fariseu procurou julgar de *cima para baixo* e, pondo-se acima dos seus semelhantes, emaranhava-se em terrível erro existencial. E que um publicano - um deles, mas como os demais sob tentações - preferia manter seus olhos fechados para não julgar, e sequer erguia seu olhar ao céu, porque excepcionalmente trazendo ele o coração limpo e a mente capaz de autocrítica, via-se de fato na precária condição de um pecador. Na parábola, assim ensina Jesus - ele não era *melhor* que o fariseu; ele era mais *lúcido* e agora humilde, merecedor de perdão.

O teólogo Thielicke escreve, em sua obra *Mosaico de Deus* (1968), ao comentar a mesma parábola:

> Quem se dirige à mesa do Senhor não deve assustar-se quando, de repente, a seu lado comparece o dezessete vezes fichado, bebendo do mesmo cálice. Pelo contrário: terá motivo para glorificar a Deus pela obra redento-

> ra que praticou também nesse pobre homem; ouvirá os cânticos angelicais sobre esse um, que sente o coração invadido pela alegria do perdão. (pp. 178-179).

Vivendo nós em meio a equívocos de julgamento acerca dos outros, esquecemo-nos de que o único que conhece-nos a todos é Deus Pai. Tantos se declaram, nas comunidades religiosas, pecadores por mera teatralidade...! Mas o publicano, na parábola, foi estarrecedoramente sincero e, por isto, desceu para sua casa justificado. A Deus não importa como as pessoas são vistas socialmente, ante tantos julgamentos levianos. Deus olha direto para as almas humanas em busca de corações limpos. O fariseu levava a sério o seu culto, mas quem julga aos demais de cima para baixo, naufraga numa arrogância que, mais do que pretender ofender o próximo, o que quer é agradar a si mesmo, passando a encenar um personagem superior. Para o publicano focalizado na parábola de Jesus - a única medida verdadeira é Deus.

Escreve Helmut Thielicke:

> E assim de repente (o publicano) reconhece a grande distância que o separa de Deus.

> Por isto mesmo, porém, Deus agora está bem perto dele. (Ele) Não se atreve a dizer 'Deus amado!' Em sua imundície, isto significaria uma intimidade ilícita. Deus, porém, diz por sua vez: 'Meu filho querido!' (p. 177).

Assim, não sabemos mais onde estará a parábola antes vista como simplezinha. Os ensinamentos do divino Rabi eram sempre desafios ao entendimento das gerações. Eis por que precisamos lê-los não só com nossos olhos, mas antes do mais com as luzes da alma.

> Dois homens subiram ao templo com o propósito de orar... (Lucas, 18:10).

VIII

Sobre educação espírita

Emmanuel, entidade condutora do crescimento espiritual neste nosso Brasil, na apresentação que fez da obra do espírito André Luiz (psicografada nos anos de 1940 por Francisco Cândido Xavier), escreveu: "...precisamos, em verdade, do *espiritismo* e do *espiritualismo*, mas, muito mais, de *espiritualidade*" (2010, 61ª Ed.). E muitas décadas depois, o XIVº Dalai Lama, respondendo a questionamento em conferência sua nos Estados Unidos, diz, com sua habitual e encantadora simplicidade: "Espiritualidade é tudo aquilo que nos faz melhores".

Atentemos, porém, para o fato de que tudo isto (elementos do existir humano) implica um multifacetário processo educacional. O mundo ensina, os semelhantes nos ensinam, os mestres instruem e educam e os grandes mestres pontificam (*ponti-*

fex: aqueles que fazem pontes entre nós e o Mundo Maior). Ora, toda a doutrina espírita é um vasto processo educacional. Mas uma específica educação espírita, ricamente explicitada em obra como: a do saudoso professor Ney Lobo (*Filosofia espírita da educação*, em cinco volumes), do igualmente reverenciado filósofo J. Herculano Pires (*Pedagogia espírita*), a notável obra da escritora Dora Incontri (*A educação segundo o espiritismo*, 4ª ed. 2012), como também o belo livro de Manuel Portásio (*Fora da educação não há salvação*, 2008). Permitam-me a ousadia de juntar a essas obras, livro meu publicado em 2002: *Espiritualidade e educação*. Certamente há outras obras de vários autores, mas, neste passo, estou apenas exemplificando.

Neste breve texto, este autor não pretende mais do que - novamente - partilhar algumas ideias acerca da educação espírita. Comecemos, assim, com uma primeira reflexão sobre ESPIRITUALIDADE.

1. Espiritualidade

Sem dúvida, o mundo das palavras é sedutor, mas é também difícil e perigoso. As palavras são a trama simbólica que tece o tecido (texto) humano. Espiritualidade é termo hoje chamado de polissêmico, isto é, dotado de múltiplos sentidos. É termo que identifica, por exemplo, aqueles que são dotados de certo *olhar de transcendência*; um olhar que "enxerga", no mundo, bem mais do que ele visivelmente revela.

Mas a palavra em foco também divide a população do nosso mundo entre: espiritualidade encarnada e não encarnada. Lembremo-nos, ainda que o repitamos, do interessante episódio - consta que ocorrido em 1998 - no qual Chico Xavier pergunta a Emmanuel qual era, de fato, a população da Terra. O mentor diz ao Chico: "Está estimada em 21 bilhões de habitantes". O grande médium, assustado, diz a Emmanuel que, estatisticamente, e em termos oficiais, íamos um pouco além de 6,5 bilhões (àquela época). O mentor, que gostava de brincar seriamente, disse ao médium: "Você está vendo como nós enxergamos pouco?"

Pois bem; o termo espiritualidade também identifica certos materialistas que, nas relações interpessoais, mostram-se sensíveis, bondosos e, apesar de tudo, de mente aberta. Então não é difícil vermos os vários sentidos desse nobre vocábulo: ESPIRITUALIDADE.

Em meu já citado livro (*Espiritualidade e educação*), à página 17 pergunto, como que a mim mesmo: "...afinal o que é o espiritual?" Consequentemente, o que é espiritualidade? Relacionei as seguintes respostas:

> - (espiritual é) a cesta de alimentos que trazemos para os nossos familiares;
> - (É) a panela e o bendito fogo;
> - o tricotar ou limpar nosso espaço cotidiano;
> - o trabalho e o salário;
> - a preocupação de escolher candidatos visando ao bem da comunidade e do país;
> - (é) o sexo que não se perde em desvarios e exageros cheios de grosseria;
> - (é) o real interesse pelo nosso semelhante e a disposição alegre à solidariedade;
> - (é) a nossa busca de intercâmbio com os planos mais elevados da espiritualidade;
> - (é) a nossa COMUNHÃO COM DEUS. (Morais, 2002, p.17)

Vemos, então, que o conceito de *espiritualidade* vai das coisas mais simples e prosaicas às realidades mais altas. É a *imanência* revelando, aos que podem ver, a *transcendência*. Não reduzamos, portanto, a espiritualidade a "fumacinhas imponderáveis", ou, pior ainda, a manifestações rituais externas um tanto vazias.

Feita esta digressão, talvez estejamos mais preparados para o tema educacional. A educação, descuidada das reflexões espirituais e também de recursos propriamente espíritas, faz-se em uma atividade no mínimo empobrecida e até mesmo duvidosa. Todavia, em termos religiosos, não sejamos exclusivistas. Outras confissões têm-se dedicado com empenho à educação.

Prossigamos, todavia.

2. Espiritualidade e educação

Obviamente não somos movidos só pela razão, muito embora esta seja vital para nossa humanidade. Ao longo de sua obra, o genial filósofo e matemático do século XVII Blaise Pascal, relendo o apóstolo Paulo em sua encíclica aos hebreus (capítulo 11:1) maravilhava-se com as palavras paulinas: "Porque a fé é o firme fundamento das coisas que se esperam, e a certeza das que não se veem". Então Pascal teve para si que, ter fé, era *apostar* radicalmente a vida toda inteira na esperança para nós erguida pela intuição da Grande Presença. Este servo de Deus, Pascal, viveu apenas 39 anos – anos enfermiços - e, no entanto, marcou definitivamente a história do pensamento ocidental cristão.

É fundamental que introduzamos o tema da *fé* para pensarmos com profundidade a realidade educacional. O poeta alemão Goethe, logo em seguida do falecimento de um seu amigo, disse aos circunstantes jamais poder acreditar que aquela vida querida se tivesse findado - findado de modo tão inconcluso. E a poetisa brasileira Adélia Prado, em um certo evento, questionada acerca de se a sua fé cristã não vinha dos seus medos fundamentais, respondeu com serenidade: "Olhe: toda fé nasce do nosso pânico de ser gente. Mas se transforma em um ato de amor quando conseguimos perdoar Deus por não nos ter feito deuses também".

Para Adélia, a fé só se faz em um ato de amor quando aceitamos resolutamente nossa condição de *criaturas*.

As décadas que se seguiram à Revolução Francesa defenderam uma educação rigorosamente laica. Até hoje temos "enciclopedistas a séc. XVIII" por aí, mas com certa inanição por falta do sagrado; assim, desde a década de 1960, argutos analistas constataram uma tocante "volta do SAGRADO". Por esta razão, volta a ganhar importância o entrosamento entre fé e educação, ao menos nos setores sociais sensíveis ao fato de ser, o sagrado, um elemento ontológico dos humanos - isto é: um elemento constitutivo de todos os seres humanos, independentemente de estes o reconhecerem ou não. Basta que se estude a evolução da nossa espécie, para nela se ver a constância do transcendente.

Ora, o verbo educar deriva da expressão latina *e ducere*, a qual apenas significa "conduzir de um lugar para outro". Mas, surgido o substantivo educação, viu-se que educar não era apenas levar de um lugar para qualquer outro, mas sim levar de um "lugar" primitivo e rude para outro muito mais sensível e refinado. De todo modo, há muito tempo o educar implica *intervir em vidas* - o que não é o mesmo que invadir-se rudemente o espaço interior dos educandos.

Com fidelidade à doutrina espírita, educar por INTEIRO é preparar para expansão existencial que necessariamente aponta para a interexistencialidade - esta que integra o visível e o invisível em um contínuo natural, apenas tendo como sobrenatural o Criador de todas as coisas. Educar implica vários fatores como, por exemplo, valores, comportamentos, ética, espiritualidade, ensino (da expressão latina *in signare*: marcar com sinais), se possível também erudição (em seus vários graus e níveis).

A educação para desenvolvimento de valores deve ter seu lugar privilegiado no ambiente lareiro de cada família. Família, comunidades religiosas e escolas combinadas, desenvolverão sentidos éticos e comportamentos, bem como, no próprio processo de ensino, deverão suscitar questionamentos espirituais. Sabemos o quanto tudo isto é dificultado pela dita "sociedade de consumo", mas, queremos repetir, como nos disse certa vez Dr. Alceu Amoroso Lima: "O fácil é fácil, difícil mesmo, só o difícil. E este é o que deve interessar aos corações generosos". Gosto muito de repetir esta sabedoria!

3. Educação espírita

Com verdade precisamos constatar uma séria desproporção entre a riqueza da doutrina espírita, quando realmente estudada e conhecida, e a dedicação pelo espiritismo, ao que aqui chamaremos de educação escolar formal extensa (ao menos da educação infantil a superior). O número de escolas católicas e protestantes, inclusive universidades, e a excelência de muitas destas instituições faz marcante parte da história deste nosso país. Sublinhemos, assim, o grande descompasso acima apontado, o qual faz a educação formal espírita permanecer muito aquém da riqueza doutrinária que vem desde a codificação kardequiana do século XIX. Quem sabe, para o futuro, isto possa mudar? Um ou outro educandário, um ou outro convênio com redes educacionais públicas apenas, ao que nos parece, faz injustiça à doutrina do Cristianismo Redivivo.

O espiritismo (e não só ele) é essencialmente ético; na verdade, sem preocupação ética não se pode pensar em educação; no máximo terão lugar *adestramento* humano e *instrução* prática, pois o Dr. Adolfo Bezerra de Menezes, em notável conferência sua transmitida mediunicamente em Belo Horizonte, observou que os primeiros 70 anos do espiritismo constituíram um período combatente de apresentação e consagração doutrinária. Os segundos 70 anos foram destinados à multiplicação de centros e demais casas espíritas caritativas. Pois os terceiros, iniciados estes anos em 2001, deverão destinar-se, centralmente, à educação social - em consonância com a transição planetária para a condição de "mundo de regeneração", para o nosso planeta. (Bezerra de Menezes, 2005: pp. 12-28).

Tal transição, embora firmemente assistida pelo Plano Maior, ainda assim não será fácil, em razão de difíceis e pesadas heranças da Modernidade e do século XX – períodos que viveram agudas degenerescências sociais, principalmente com inúmeros conflitos armados e genocídios, bem como com a implantação da já comentada sociedade de consumo.

Os lares espíritas, suas pouco numerosas escolas, de qualquer forma têm deveres muito incisivos. Objetivamente, relacionaremos ao menos cinco deveres principais.

a) Levar seus educandos à *abertura de mente*, contrariamente a uma educação exclusivista do tipo "só nós estamos certos, porque fomos privilegiados por Deus". Levar ao gosto da convivência e dos diálogos com os diferentes.
b) Conduzindo a Cristo, preparar para a interexistencialidade intuitiva e mediúnica, preparando os educandos para *Revelações* que podem vir do Plano Maior.
c) Educar pela *exemplaridade*, não abrindo mão de coerência entre os discursos educativos e as ações práticas.
d) Motivar sempre a um "Cristianismo cidadão", aquele que não se isola, ignorando necessidades sociopolíticas. Disse Jesus: "Assim brilhe a vossa luz diante dos homens..." (Ma-

teus 5:16). Também disse: "Não peço que os tires do mundo, e sim que os guardes do mal" (João 17:15).

f) Introdução equilibrada e cuidadosa do tema da fé na educação.

Conclusão

Nenhum educador pense que ELE SOZINHO nada pode. O mundo não será melhorado por decreto ou por meio de movimentos sociais nem sempre sensatos. Leiamos, a esta altura, o notável terapeuta espiritualista (junguiano) James Hollis:

> Não importa o quão pequeno seja o nosso papel; cada um de nós é um portador de energia cósmica e uma parte crucial de um grande padrão em desenvolvimento. Nós não vamos conhecer o fim desse padrão, mas precisamos carregar a parte dele que nos cabe até onde for necessário. (2004).

IX

As reencarnações e suas luzes

No capítulo XI de *O Evangelho segundo o Espiritismo* (131ª ed., 2013) está registrada belíssima instrução do grande amigo de Jesus, Lázaro, dada a psicografia em 1862, a qual tem como título "A lei de amor" (pp. 156-157). Ali, o amigo pelo qual está escrito que "Jesus chorou", escreve:

> Quando Jesus pronunciou a divina palavra - amor -, os povos sobressaltaram-se e os mártires, ébrios de esperança, desceram ao circo. (p. 156).

Sentiam-se prontos para o máximo sacrifício ante sua morte. Lembra, em seguida, Lázaro, que, por sua vez, o espiritismo viria pronunciar uma segunda palavra da linguagem divina. Uma vez mais anota:

Estais atentos, pois que essa palavra ergue a lápide dos túmulos vazios, e a *reencarnação*, triunfando da morte, revela às criaturas deslumbradas o seu patrimônio intelectual. Já não é ao suplício que ela conduz o homem: condu-lo à conquista do seu ser, elevado e transfigurado. (p.156)

Eis porque nunca será demasiado retomarmos o tema das vidas sucessivas, algo tão nuclear à doutrina espírita, para hasteamento da justiça divina.

A lei das reencarnações é, devemos reconhecer, uma crença incômoda a muitas religiões e teologias; pois, respeitemos cada grupo humano tal como pense ou creia. Mas, na beleza da diversidade, também devemos reconhecer em outras crenças certos dogmatismos, às vezes numerosos, que causam incômodo a nós, espíritas cristãos. São direitos e liberdades humanos. Isto é normal nas múltiplas convicções religiosas, na dinâmica das diferentes linhas de fé.

1. A palingênese: um pouco de história

Palingenesia ou *palingênese* foi o nome dado pelos gregos à lei das vidas sucessivas, a qual, no entanto, é crença muito anterior à refulgência da cultura grega. Trata-se de uma convicção que - ao que se chega historicamente - ultrapassa os 10.000 anos de culto.

O grande Léon Denis, sobretudo em sua obra *Depois da morte*, que teve feitura e publicação na transição do século XIX para o XX, faz longo estudo sobre o trajeto histórico da palingênese, iniciando--o nos *Vedas* (cuja idade de muitos mil anos ainda não pôde ser fixada), mostrando exposições de Ieseus Krishina de há 48 séculos, que dizem:

> O corpo, (...) envoltório da alma que aí faz sua morada. É uma coisa finita; porém a alma que o habita é invisível, imponderável e eterna.
>
> (...)
>
> Quando o corpo entra em dissolução, se a pureza é que o domina, a alma voa para as regiões desses seres puros que têm o conhecimento do Altíssimo. Mas, se é dominado pela paixão, a alma vem de novo habitar entre aqueles que estão presos às coisas da Terra.
>
> (...)
>
> Todo renascimento, feliz ou desgraçado, é consequência das obras praticadas nas vidas anteriores. (Denis, 2009: p. 34)

A mesma realidade de crença é estudada pelo sábio Léon Denis, com citações específicas, no Egito Antigo, nos mistérios de Ísis e Osíris, nos livros de sabedoria de Hermes Trismegisto. Ali, o hierofante ensinava:

> Oh! Alma cega, arma-te com o facho dos mistérios e, na noite terrestre, descobrirás teu dúplice luminoso, tua alma celeste. Segue esse gênio divino e que ele seja teu guia, porque *tem a chave das tuas existências passadas e futuras*. (Ibid., 2009: pp.50-51).

E assim segue Denis estudando a *palingênese* na Grécia, na Gália, e mesmo no Cristianismo dos primeiros tempos. Ao que historicamente sabemos foi no II° Concílio de Constantinopla (época do Imperador Justiniano) que as reencarnações - sem serem declaradas heréticas - foram ditas uma "crença desaconselhável", a pedido de Justiniano. Por tudo isso, pode-se ver que a palingênese é uma crença muitíssimo antiga, sobretudo quando a vemos enfaticamente defendida no Baghavad Gita.

Portanto, não se cometa mais a imprudência tantas vezes ouvida: lá vêm os espíritas com sua mania de reencarnação. Conquanto o espiritismo tenha retomado a palingênese no século XIX d.C., muitos milênios sorriem de tal imprudência.

Ao lermos historiadores das religiões, encontramos amplos estudos acerca desta questão das vidas sucessivas, com precisas buscas históricas e citações de época muito detalhadas. Aqui, porém, nosso objetivo é o de evitar excessivas complexidades, apenas registrando um pouco de história que deixe clara a extraordinária antiguidade do tema levantado firmemente por Lázaro, na sua comovente Instrução Espiritual.

2. A reencarnação na Doutrina Espírita

Nem todos sabem, e isto foi contado pelo brilhante professor Denizard Rivail (posteriormente Allan Kardec), que quando a plêiade do Espírito de Verdade retornou, perante Kardec, o princípio reencarnatório, o próprio missionário de Lyon relutou, por meses em discussões íntimas, em aceitar plenamente a lei das vidas sucessivas; os argumentos dos mentores foram, no entanto, tão fundamentais para a compreensão da justiça divina, que aquele missionário de privilegiada inteligência acabou por aceitar plenamente a palingênese como cabal fundamentação racional da justiça de Deus.

Contemporâneos de Allan Kardec (como Russel Wallace, cientista) costumavam comparar a meticulosidade e seriedade de estudos de Kardec com as mesmas qualidades e cuidados evidenciados por Charles Darwin.

Em respeitável estudo publicado com o título *A reencarnação em foco – progredir sempre, tal é a lei*, o autor Alberto de Souza Rocha (Matão: Casa Editora O Clarim, 1991) sabiamente propõe que abordemos as "vidas sucessivas" mais didaticamente em três aspectos:

a) quanto aos seus fundamentos filosóficos;
b) quanto aos seus reais objetivos;
c) quanto aos *tipos* de reencarnação, ligados estes aos níveis diferentes dos espíritos.

Assim buscaremos expor o tema, interessados em maiores objetividade e clareza; também sensíveis aos sofrimentos impostos pelas desigualdades humanas. Cumpre anotarmos que na rica obra do pensador catarinense Huberto Rhoden, mais propriamente em seu livro *Santo Agostinho,* no qual, em determinado momento, Rhoden aborda o tema das vidas sucessivas e comenta o que aqui passarei para as minhas palavras. Distanciando o tema de uma coloração taleônica, diz o pensador que a relação que rege as reencarnações não é aquela entre CULPA e PUNIÇÃO, mas, acima de tudo, a que relaciona CULPA e OPORTUNIDADE - o que, em toda hipótese, sublinha a misericórdia divina. O Pai Eterno quis ter filhos, não robôs, já o dissemos, e por isto conferiu-nos o livre-arbítrio, desde que este não desrespeite as leis eternas e eternamente necessárias. Como já anotamos anteriormente, escolhemos os caminhos que tomamos na vida, porém, não nos livramos das consequências de nossas escolhas. Assim, ou trabalhamos empenhadamente pela autoiluminação, ou vamos adquirindo dívidas cármicas.

As reencarnações são, portanto, OPORTUNIDADES; e como precisamos entendê-las bem, devemos aceitar as sugestões antes apontadas pelo escritor Alberto de Souza Rocha. Assim, vejamos primeiro as vidas sucessivas, no que diz respeito aos seus fundamentos filosóficos.

3. Caracterização plena da palingênese

Em seus fundamentos filosóficos diríamos, primeiramente, que de um ponto de vista lógico-racional, a reencarnação permite-nos entender as desigualdades às vezes trágicas, seja de capacidades e aptidões, de desigualdades propriamente morais e intelectuais entre seres humanos, bem como explica-nos capacidades e ideias inatas, às vezes geniais; até chegarmos a desigualdades orgânicas e emocionais.

Na qualidade humana de espíritos imortais, mostra-nos as pessoas como instrumentos de redenção e crescimento espiritual. Enquanto que, moralmente, os humanos podem integrar-se à justiça divina de modo muito superior às penas e gozos eternos - que habitam dogmas um tanto assustadores. Ouvíamos e assistíamos, certa vez, a um conferencista muito simpático e de ares sinceros, o qual disse à sua plateia que, a haverem gozos e penas eternos, caso ele fosse elevado a gozos eternos, e uma só das pessoas que ele amava fosse condenada a penas eternas e castigantes, ele nunca teria paz para fruir seus gozos eternos. (Temo-nos, substancialmente, baseado em Rocha, 1991: p.40).

Analisemos também, com apoio do mesmo autor, as finalidades ou objetivos da reencarnação. Todo viver tem como objetivo uma múltipla aprendizagem; se isto não acontece, dá-se uma estagnação infeliz. O ser humano reencarna primeiramente para "desenvolver as faculdades da alma, a inteligência, sobretudo, e as aptidões" (Ibid., p. 40); para maior aperfeiçoamento do caráter pelas seguidas práticas do mal com suas experiências, muitas vezes dolorosas. Também para que sejam assimilados contributos socioculturais positivos, com vista ao próprio crescimento da humanidade. Vivenciando as leis de causa e efeito, de ação e reação, reajustes e resgates necessários haverão de dar-se. E, podemos dizer que, de modo final e supremo, visa-se que o espírito humano atinja a condição abençoada de *cocriador*. (Ibid., 1991: p. 40).

Havendo na Terra reencarnações de espíritos em diferentes condições evolutivas, as programações reencarnatórias não podem ser iguais. Como anota o autor aqui em consideração (A. de Souza Rocha), ter-se-á trajetórias de reencarnação: "a) de resgate e de regeneração; b) de aprimoramento de conhecimento e virtudes; c) de possibilidade a que, envolvidos, aceitem missões e tarefas de auxílio" (p. 41). E Souza Rocha sublinha muito oportunamente:

> Longe, portanto, a ideia, prevalecente em alguns círculos pouco familiarizados com o estudo, de que o conceito de reencarnação se resuma naquele de castigo. (Ibid., P. 41)

Considerações conclusivas

Quando estudamos os livros propriamente da codificação espírita, deparamo-nos com a grande obra *O Céu e o Inferno ou a Justiça Divina segundo o Espiritismo*, constituída, em sua primeira parte de ensaios doutrinários, e em sua segunda, de comunicações de espíritos: felizes (desencarnados em graça), de espíritos em mediana condição, de entidades sofredoras, entidades suicidas, espíritos de criminosos arrependidos, espíritos endurecidos.

Pois os projetos reencarnatórios estão ali presentes, desde para os espíritos felizes (que aceitam reencarnações missionárias e benevolentes), até para principalmente os endurecidos necessitados de novas aprendizagens. O que comove nessa obra organizada pelo grande Allan Kardec, é a presença constante e infalível da misericórdia divina para com *todos*.

Vemos, assim, que de fato a relação reencarnatória não é entre culpa e punição (a punição vingativa), é, tal relação, entre culpa e oportunidade – exatamente para que inexistam *condenações eternas*. Razão pela qual gravou para sempre os amigos de Allan Kardec: "Nascer, morrer, renascer ainda e progredir sem cessar. Tal é a Lei". (*Naître, mourir, renaître encore et progresser sans cesse. Telle est La Loi*). Lápide no túmulo de Kardec no Cemitério Pére Lachaise, Paris.

X

Ansiedades, angústias: os textos sagrados

Costuma-se dizer, e com razão, que ansiedade e depressão são distúrbios seriamente agravados nesta época contemporânea. Dói na sensibilidade dos seres de boa vontade ver tantas pessoas aflitas e, quase sempre, também angustiadas - nos casos mais graves chegando-se ao suicídio. Oh! Deus! Toda a vida, sabemos, é propriedade Tua e todos os viventes recebem-na de empréstimo do Teu amor. Mas os sofrimentos humanos são às vezes imensos e, por desespero ou despreparo, muitíssimos atentam contra a própria vida. Só a dimensão da Tua misericórdia, ó Pai, compreende o sofrer desses filhos que desistem de viver.

Um psiquiatra italiano chamado Francesco Canova chega a dizer que, em 100% dos suicídios, ansiedade e angústias contribuem com aproximadamente 80%. Nas Idades Antiga, Média e Moderna, nunca se chegou a números tão assustadores; mas nossa Idade Contemporânea apresenta sofrimentos bem maiores. Em nosso tempo há aqueles que aceitam ser como que vegetais que levam sua vida a buscar e a mastigar vantagens materiais; porém, os que não são *levados* pelas superficialidades da vida, mas os que *levam* a vida buscando a profundidade do existir fazem tanto descobertas maravilhosas nesse existir, quanto nele se expõem a perigos.

O que os ensinamentos doutrinários podem fazer por essa humanidade vacilante e frágil? Este é um momento em que, com o auxílio dos amigos espirituais, desejamos meditar acerca dos sofreres humanos em seus milênios, buscando sabedoria divina para estes tempos novos. Tempos agravados por inúmeras necessidades artificiais criadas pelo consumismo; tempos nos quais, viver com o necessário e com modéstia, significa certo desespero para quantíssimos irmãos nossos. É hora de interrogarmos páginas sagradas que podem pacificar a humanidade atual.

1. O rei Salomão e seus sábios

Há cerca de mil anos antes de Cristo, reinava Salomão, filho do rei David. Salomão, sempre apaixonado pela sabedoria, trouxe para a sua Corte sábios egípcios, babilônios e de outras partes, ali formando notável conselho de sábios, presidido pelo rei. Salomão sempre fez parte de sua Corte de Sábios, discutindo textos que, posteriormente, fariam parte iluminada do Antigo Testamento bíblico. Ora, como era convencionado à época, o próprio conselho estabelecia o nome do rei para autoria dos livros de sabedoria.

Por incrível que seja, 10 séculos antes de Cristo, Salomão e sua Corte estavam preocupados, – já então – com sofrimentos derivados das ansiedades mistas com angústias. Por esta razão, encontramos no *Livro de Eclesiastes* (cap. 3:1-22) um dos mais extraordinários textos contra ansiedade e angústia, do Antigo Testamento. Ali lemos:

> Tudo tem o seu tempo determinado, e há tempo para todo propósito debaixo do céu.

Noutras palavras, o rei Salomão diz-nos que de nada adiantam aflições, pois tudo tem seu tempo determinado, aprazado por Deus. E prossegue:

> Há tempo de nascer e tempo de morrer; tempo de plantar e tempo de colher... (...)

> Tempo de chorar e tempo de rir; tempo de prantear e tempo de saltar de alegria. (...) tempo de abraçar e tempo de afastar-se de abraçar; tempo de buscar e tempo de perder; tempo de guardar e tempo de deitar fora. (Eclesiastes 3:1-8)

Isto tudo, porque tudo tem seu tempo determinado, e nada acontecerá antes do tempo aprazado por Deus. Coisa extraordinária! A Corte de Sábios e o próprio rei, 10 séculos antes de Cristo, preocupavam-se com ansiosos, que não sabiam lidar com o tempo, nem com as necessidades que lhes agitavam a vida interior. Ora, as socioculturas foram-se transformando no ritmo de complexificação da vida. As sociedades, em seu geral, se transformaram em vastos mercados movidos por muita propaganda, e, assim, trinta séculos transcorridos, assistimos a crimes e tantas infelicidades vividas por pessoas que se sentem imensamente diminuídas por não terem belas roupas, joias, um elegante automóvel, etc.

Os pais, pensando mais financeiramente, dizem aos seus filhos: "É preciso vencer na vida!" Até aí, podemos aceitar o conselho dado. Mas, quando os jovens se veem próximos de exames vestibulares, com frequência a frase dos pais muda para "É preciso vencer na vida *a qualquer custo*!" Ora, esse *a qualquer custo* é imoral. E as ansiedades e angústias aumentam desmesuradamente, trazendo consigo terríveis frustrações, grandes decepções dos jovens consigo mesmos. Juntam-se questões de ordem emocional (afetividade, sexualidade, paixões e amores) que também fazem aflitas as pessoas. Então, perguntamos: quais outras sabedorias sagradas podem auxiliar os humanos em seus sofreres?

Pois, 10 séculos após o rei Salomão, novo e maravilhoso texto sagrado ampara-nos.

2. O mestre Jesus

Pois bem, no ano 1 desta era do Rabi Nazareno, logo mil anos passados desde o reinado de Salomão, em momento emocionante dos ensinamentos crísticos, eis que o mestre retoma o tema das ansiedades e angústias, e o retoma de modo ainda mais poético. Dirige-se aos apóstolos e discípulos, bem como aos demais seguidores das primeiras horas, dizendo:

> ... não andeis ansiosos pela vossa vida,
> quanto ao que haveis de comer ou beber;

> nem pelo vosso corpo, quanto ao que haveis de vestir. Não é a vida mais do que o alimento, e o corpo, mais do que as vestes?

Iniciava, o mestre, mostrando as direções equivocadas das preocupações humanas; a valorização errônea dos fundamentos da vida. O Pai já emprestara a essência da vida, ao cercar nossos corpos do maior valor que tinham em relação às vestes e aos alimentos. Com sua voz firme e ao mesmo tempo doce, continuava o Nazareno:

> Observai as aves do céu: não semeiam, não colhem, nem ajuntam em celeiros; contudo, vosso Pai celeste as sustenta. Por ventura, não valeis muito mais do que as aves? (...) Qual de vós, por ansioso que esteja, pode acrescentar um côvado ao curso da sua vida?" (...) Considerai como crescem os lírios do campo: eles não trabalham, nem fiam. Eu, contudo, vos afirmo que nem Salomão, no esplendor da sua glória, se vestiu como qualquer deles (...) Ora, se Deus veste assim a erva do campo, que hoje existe e amanhã é lançada no forno, quanto mais a vós outros, homens de pequena fé?

Jesus mostra a poesia das aves no céu, a forma e o colorido com que crescem os lírios do campo e, ao seu modo, pergunta: valerão, as belas aves e os lírios, que superam a beleza das vestes refinadas de Salomão, mais do que vós, meus irmãos, filhos de Deus Pai? Por mais que sofrerdes não acrescentareis nem uma hora ou um dia à vossa existência.

> Portanto, não vos inquieteis, dizendo: Que comeremos? Que beberemos ou: com que nos vestiremos? (...) buscai, pois, em primeiro lugar a Sua justiça, e todas estas coisas vos serão acrescentadas.
>
> Ó não vos inquieteis com o dia de amanhã, pois o amanhã já trará os seus cuidados; basta a cada dia os seus trabalhos. (Mateus 6:25-34)

O filósofo Martin Buber, refletindo sobre os descaminhos de nossas mentes nos tempos atuais, observa que, principalmente no Ocidente, os homens de hoje vivem estirados entre o passado, com suas memórias nem sempre leves, e as incertezas de um futuro que, de certo modo, tememos. E ensina o filósofo que urge que transformemos o momento presente em algo mais do que uma simples linha divisória entre o passado e o futuro. (*Que es el hombre*, 1949).

É absolutamente necessário que cuidemos de recursos que auxiliem um melhor estado de nossa casa mental. Que recursos, por exemplo?

3. O ser humano e sua casa mental

Toda casa maltratada se transforma em lúgubre espaço. Isto vale para as residências materiais, quanto vale para nossos anímicos espaços interiores. Há seres humanos com ambientes interiores obscuros, porque com janelas e portas cerradas não permitem ventilação e luz salutares. São ambientes anímicos viciosos porque sujeitos à multiplicação de vibrações indesejáveis, à feição de espaços de morada não higienizados, nos quais micro e macro-organismos indevidos originam ambientes infectos.

Os cuidados com nossa casa mental são de radical importância, tal como o mentor Emmanuel repete ao longo de sua obra psicografada. Há emoções, sentimentos e mesmo raciocínios que transtornam a espiritualidade das pessoas, chegando a lhes causar sérios danos psicossomáticos.

Logo de pronto todo ser pensante cuidadoso precisa dar um decidido NÃO aos ressentimentos, uma negativa maior ainda à ira dos rancores sempre intoxicantes. O ser humano dotado de fundamental sabedoria, cultiva a paz (espiritual, emocional e mesmo corporal); coisa sempre bem difícil para as mentes autoritárias.

Uma casa mental arejada, iluminada e se possível até melodiosa, recebe com cristalina alegria os ensinamentos dos textos sagrados que emprestaram luz e riqueza a este texto acerca de ansiedades e angústias. As existências sucessivas, com seus ensinos, precisam servir para melhorar-nos, precisam ajudar-nos a estabelecer com clareza aquilo de que, de fato, necessitamos para espiritualizar e pacificar a trajetória existencial humana. Disse Jesus: "... no mundo tereis aflições; mas, tende bom ânimo, eu venci o mundo". (João 16:33). Algumas outras traduções, em vez de "tende bom ânimo" anotam "tendem confiança". São, em verdade, expressões equivalentes; mas aqui, ao pensarmos na casa mental, chegamos a preferir "tende bom ânimo" no amparo divino.

CONCLUINDO...

O que pensávamos fossem distúrbios atuais, vemo-los com 3.000 anos ou mais. Mas, como observamos antes, as atuais febres consumistas que têm quase substituído a importância de SER pela ansiedade do TER, têm trazido maiores aflições e distúrbios íntimos para os tempos de agora. Mas nenhum ser humano é algo completo e acabado; todo homem e toda mulher são seres em processo de perfeição.

Ora, se temos - mormente nas vidas sucessivas - estado em vias de aperfeiçoamento, isto nos deixa claro que é sábio o dizer latino *Contra speam, spes* ("Esperança, contra toda desesperança").

O mestre Jesus disse: "...no mundo tereis aflições", aí estão elas: temores, angústias, ansiedades, penúrias, etc. Mas completou o Nazareno: "... mas tende confiança, eu venci o mundo".

Deus tem um imenso plano para a sua humanidade; mas tal plano não se vai cumprir em poucos séculos. Somos pouco mais que adolescentes no processo de autêntica maturação humana. Precisamos de dois pês: paciência e persistência, bem como precisamos responsabilizar-nos pelas escolhas dos nossos caminhos.

> Como os discípulos na estrada de Emaús, às vezes não reconhecemos Cristo ao nosso lado, caminhando conosco. (Lucas 24:13).

XI

Estereótipos evitáveis

Cuidados com os próprios princípios e atitudes são necessários, mas com tal equilíbrio que não venhamos a cair escravos dos nossos valores, porque valores não devem servir a que sejam atirados aos rostos dos que pensam e vivem de forma diferente.

Na verdade, ninguém que viva a doutrina espírita em profundidade se deixa absorver por exterioridades, como semblantes piedosos e trejeitos estudados. Em suas viagens espíritas de 1862, em vários discursos Allan Kardec procurou demonstrar a essência universalista (não paroquial) da "Religião dos Espíritos" - isto é: por estes trazida e revelada.

Mesmo em *O Livro dos Espíritos*, o codificador questiona (pergunta 982):

> É necessário fazer profissão de fé espírita

> e de crer nas manifestações para assegurar nossa sorte na vida futura?

As entidades de luz vêm, então, com uma resposta muito firme:

> Se fosse assim, seguir-se-ia que todos aqueles que não creem ou que não tiveram os mesmos esclarecimentos são deserdados, o que seria absurdo. É o bem que assegura a sorte futura; ora, o bem é sempre o bem, qualquer que seja o caminho que a ele conduz.

Ora, ao lermos o extraordinário livro de ensinamentos do muçulmano Hadrat Ali (*Viver e morrer com graça*, 1998) - Ali era primo de Maomé - ficamos encantados, profundamente tocados, com a elevação de tais ensinos, todos voltados para o auxílio ao crescimento espiritual e a práticas do bem. Já devo ter mencionado, noutra parte deste livro, ter conhecido agnósticos e materialistas grandemente interessados no bem dos semelhantes - pessoas de grande correção e sensibilidade no trato humano. Enquanto escrevo estas linhas lembro-me de dois médicos, um psicólogo e um músico, todos exemplares nas práticas do bem e, no entanto, destituídos de fé religiosa. Quando me recordo de criaturas assim, constato que Deus não abriga em si preconceitos.

Em comunidades religiosas, entre estas algumas espíritas, encontramos irmãos que, com consciência disto ou não, encenam estereótipos. Ora, estereótipos caracterizam superficialidades puritanas, frequentemente dadas a julgamentos levianos mesmo sobre aqueles que vivem o espiritismo em padrão não idêntico ao dos julgadores, ainda que todos fiéis à essência doutrinária da codificação (Cristianismo Redivivo). O Dr. Bezerra de Menezes observa, em texto psicografado:

> A *diversidade* é uma realidade irremovível da Seara e seria utopia e inexperiência tratá-la como 'joio'. Imprescindível propalar a ideia do ecumenismo afetivo entre os seareiros, para que a cultura da alteridade seja disseminada e praticada no respeito incondicional a todos os segmentos. (*Atitude de amor*, 10ª ed., 2007)

E a entidade Ermance Dufaux, médium de Kardec no século XIX (tinha ela, então, 16 anos de idade), também deu a psicografia, ao lado do professor

Eurípedes Barsanulfo, importante texto intitulado "Puritanismos do espírita" (em *Mereça ser feliz*, 4ª ed. 2004), no qual pôs o seguinte apontamento:

> O princípio das boas relações com o outro é estar bem consigo, e o *puritanismo é indício de uma má relação com a vida interior*. Quase sempre as atitudes puritanas escondem imperfeições com as quais não se deseja fazer o autoencontro. (p. 109).

Ora, sentir-se superior ou absoluta e infalivelmente correto, é uma séria forma de inferioridade. Uma coisa sã é apostarmos a existência em sinceros princípios de fé; mas coisa doentia é termos dó dos que pensam e vivem diferente de nós. Seria pobre se Deus tivesse um único caminho que a Ele levasse. Repitamos a palavra evangélica: "Como o vento, o Espírito sopra onde quer". Daí a necessidade do respeito aos diferentes.

Como lemos em obra editada, dada a psicografia pelo professor Eurípedes Barsanulfo, a expressão "pureza doutrinária" exprimia um conceito puro e adequado por ocasião da década de 1970, quando da escritura da obra do Dr. Ary Lex. Mas a linguagem é dinâmica e os conceitos sofrem transformações sociais, e, o de "pureza doutrinária", *hoje* pode apontar para certo exclusivismo separatista. Razão pela qual o mentor Eurípedes considera, para os tempos atuais, expressões mais amenas e adequadas *coerência doutrinária* ou *fidelidade doutrinária* (Em *Atitude de amor*, 2007).

Busquemos sempre o melhor equilíbrio entre a FÉ (religião) e HUMILDADE. Isto nos dará boa vontade para o diálogo aconselhável entre comunidades. Diálogo é algo aberto, e sempre livre de superioridades e inferioridades.

Ora, o tema que neste capítulo estamos desenvolvendo exige que nos detenhamos, ao menos por um pouco, em aspectos básicos do relacionamento humano. E vamos fazê-lo de forma despretensiosa e, ao mesmo tempo, objetiva.

Sabemos bem que o meio humano está longe de ser a antessala da Corte Celestial. Nossas imperfeições lidam com níveis de evolução espiritual diversos; com grande variedade de histórias pessoais e familiares, bem como com temperamentos também muito diversificados. Todavia, a vasta teia das relações interpessoais, em sua complexidade, é necessária de vez que o existir humano implica essencialmente em comunicação. Assim, não podemos ignorar diferenças socioculturais, grupais, de recursos disponíveis e outras.

Será útil, a esta altura, abordarmos principalmente aspectos como: relações *intracomunitárias* (neste caso específico, nas comunidades religiosas), bem como os relacionamentos *intercomunitários*. Qualquer pessoa minimamente observadora, ao participar de uma comunidade, percebe que ali há aspectos delicados que merecem consideração. Não será o caso de cometer-se a ingenuidade de esperar verdadeira santidade de seres humanos que têm as suas precariedades; mas, respeito e solidariedade podem e devem ser esperados nas relações internas às comunidades - mormente religiosas. Urge que compreendamos eventuais falhas dos nossos correligionários, pois, nós também as cometemos, ainda que esporadicamente. O fundamento do respeito é a compreensão de que ali somos todos falíveis, e de tal compreensão emergirá a solidariedade.

Vemos, algumas vezes, atitudes enciumadas, sobretudo na disputa de cargos setoriais comunitários, e isto em um trabalho que, por razões evangélicas, é quase todo de *voluntariado*. Ora, o compromisso cristão traz-nos as palavras de Jesus: "Amai-vos uns aos outros assim como eu vos amei." De modo que, embora não pretendamos santidade, temos sério compromisso humano a cumprir. Sempre a autoimagem de "espírita perfeito" irá prejudicar a boa e pacífica convivência de seres precários.

Há, a mais, as relações intercomunitárias, das quais se espera diálogo e, também, apoio às instituições às vezes mais carentes. Quem já não conheceu uma (ou mais) instituição espírita que se julga a mais destacada e importante de uma cidade ou região? Algumas consideram-se, temerariamente, verdadeiras "Faculdades de Espiritismo". Na obra *Paulo e Estêvão* (Emmanuel/F. C. Xavier), a cada passo encontramos Simão Pedro a dizer que a "Casa do Caminho de Jerusalém" era apenas mais um lugar para viver-se os ensinamentos do Cristo, meditando e praticando a prática da caridade.

Relações intercomunitárias exigem diálogos compreensivos em vez de debates competidores. Sem isolamentos indevidos (e, digamos logo, às vezes pretensiosos), tais relações precisam ser como pede e exorta o Cristo: AMOR e HUMILDADE. Este autor tem conhecido U.S.Es (Uniões de Sociedades Espíritas) desapoiadas por casas espíritas que se têm como muito destacadas. Nem sempre é lembrada a lição do Espírito da Verdade: "Espíritas, amai-vos! Eis o primeiro ensinamento;

instruí-vos, eis o segundo".

Amor sempre gerando tolerância e flexibilidade, as quais inexistem em clima de puritanismo superficial. Vimos, logo nos primeiros parágrafos deste breve capítulo, o Dr. Bezerra de Menezes sublinhar que:

> A diversidade é uma realidade irremovível da Seara e seria utopia e inexperiência tratá-la como 'joio'.

O grande mentor prossegue defendendo a necessidade de um "ecumenismo afetivo" entre os seareiros, o qual traduza o respeito ao semelhante e às suas escolhas e o amor ao próximo, em linha de fidelidade aos Evangelhos e ao Cristianismo Redivivo da codificação espírita.

Terá desentendido o presente texto quem o tiver percebido como mera revolta ante desequilíbrios espíritas comunitários. Escrevi, em outro livro intitulado *Sobre o equilíbrio religioso – fé e comunidade* (Ed. Allan Kardec, 2010):

> Só uma condição autoriza e legitima criticar: a do *amor* por aquilo que se critica. (...) Apenas figurativamente ou por extensão, o

criticar pode vir a ser identificado ao *censurar*.
(Advertência de abertura)

A única forma de levarmos a sério aquilo no que cremos e a comunidade à qual pertencemos, é vivermos estas coisas combinando cuidadosamente respeito com senso crítico.

XII

Confortos do Espírito de Verdade

No século I de nossa era, o evangelista João (Jo 14:15 a 17 e 26) anotou promessa do mestre Jesus, nos seguintes termos:

> Se me amais, guardai os meus mandamentos; e eu rogarei a meu Pai e Ele nos enviará outro Consolador, a fim de que fique eternamente conosco: O *Espírito de Verdade*, que o mundo não pode receber, porque o não vê e absolutamente o não conhece. Mas quanto a vós, conhecê-lo-eis, porque ficará conosco e estará em vós. Porém, o Consolador, que é o Santo Espírito, que meu Pai enviará em meu nome, vos ensinará todas as coisas e vos fará recordar tudo o que vos tenho dito.

O século I *ainda* não podia receber os translúcidos ensinamentos do Espírito de Verdade, e por isto é feita a magnífica promessa que acabamos de transcrever. Desde que se constituiu propriamente o Cristianismo, isto se deu em clima humano confuso, com dezenas de Evangelhos que séculos depois foram encontrados. Ora, após séculos de múltiplas perseguições aos cristãos, quando se converte aos ensinos de Jesus o Imperador Constantino (século IVº d.C.), tal monarca faz do Cristianismo uma espécie de "Religião de Estado", o que ensejaria hierarquia clerical e viria a ser a maior provação por que passariam os ensinamentos do mestre Jesus.

Inquisições, guerras religiosas, Cruzadas e muitos outros descaminhos perturbaram o avanço dos ensinamentos crísticos por séculos. Mas a grande promessa estava feita; o Paráclito Consolador viria para tornar *Redivivo* o Cristianismo. E veio no século XIX, propondo ao professor Denizard Rivail (depois Allan Kardec) uma missão longa, áspera e difícil, e, deixando Rivail de inteira posse de seu livre-arbítrio, para que aceitasse ou não a imensa tarefa. Quando Kardec perguntou-lhe: "Como devo chamá-lo?" Teve a resposta: "Chame-me *Verdade* ou, se quiser, *Espírito de Verdade*".

Estudiosos têm discutido sobre "quem" é o Espírito de Verdade; uns dizem: Era João Batista (desconhecemos a base dessa argumentação); outros estão convictos de que era o próprio Cristo de Deus. De nossa parte, mas sem pretensões professorais, remetemo-nos à promessa joanina, quando ali está dito:... "O Consolador, que é o Santo Espírito". Por quê? Porque, sabe-se, o Espírito Santo é a plêiade de *todos* os espíritos santificados que permanecem a serviço de Deus. Assim, após estudos e reflexões, tenho particularmente o ponto de vista de que o Espírito de Verdade seja a enorme plêiade que trouxe as revelações e ensinamentos da codificação. Pois Kardec nos disse que esta é uma doutrina que não é exposta por *alguém*, mas é sim a "Doutrina *dos* Espíritos"?

Em *O Evangelho segundo o Espiritismo* (cap.VI), somos grandemente confortados por quatro instruções espirituais assinadas pelo Espírito de Verdade. Esta imensa riqueza é que deve interessar-nos, para modestos comentários no presente capítulo. Como não poderia ser diverso, cada frase de tais mensagens é densa de força espiritual, fazendo-nos sentir inegável a presença "pleiádica" das leis divinas e do amor imenso do Rabi Nazareno.

Afirmou o Espírito de Verdade, no cap. VI – item 5, na obra acima citada, propriamente o terceiro volume da codificação espírita:

> Sinto-me por demais tomado de compaixão pelas vossas misérias, pela vossa fraqueza imensa, para deixar de estender mão socorredora aos infelizes transviados que, vendo o céu, caem nos abismos do erro. (*O Evangelho segundo o Espiritismo*)

Ah! Como precisamos de tamanha misericórdia. Verdade é que tantos sequer se dão conta disto, por falta de autoexame, às vezes mesmo educados de forma arrogante. Mas este autor procura lembrar-se sempre que é, ao mesmo tempo, servo de Deus e escravo de suas imperfeições. Junto às tantas penúrias materiais, costumam-se desenvolver inúmeras aflições íntimas; até mesmo, e sobretudo nas famílias, emergem múltiplas dificuldades de relacionamento. Assim, quando ficamos sabendo que em nosso planeta quase um bilhão de seres humanos enfrenta penúrias várias e até fome, damos graças porque o Espírito de Verdade manifesta-se tomado de compaixão pelas nossas misérias. Muitas são as carências espirituais e as fomes afetivas que varrem nossa condição ainda pouco desenvolvida, ao que consta recém-saída da imensa ciranda de provas e expiações, rumo aos primeiros movimentos de uma transição planetária que, sem pressa, instalará em nosso planeta um "mundo de regeneração".

No uso do livre-arbítrio, tomamos tantas decisões equivocadas... E elas trazem suas naturais consequências, as quais nos deixam aflitivamente precisados da misericórdia divina. Pois o Espírito de Verdade está perfeitamente atento às suas próprias palavras: "Pedi, e dar-se-vos-á". Caberá às criaturas aprenderem a pedir com humildade.

E o Consolador também diz:

> Obreiros traçai o vosso sulco; recomeçai no dia seguinte o afanoso labor da véspera; o trabalho das vossas mãos vos fornece aos corpos o pão terrestre; vossas almas, porém, não estão esquecidas; e Eu, o Jardineiro Divino, as cultivo no silêncio dos vossos pensamentos. (*Ibid.* cap.VI – item 6)

Como já sublinhamos, o Deus Criador quis ter filhos, e não robôs. Eis porque exorta que os obreiros trabalhem, lutem, construam com persistência, como cocriadores que devemos ser, ao menos de nós mesmos e de nossos caminhos, tanto individual como coletivamente. Que na lavoura da existência tracemos nossos sulcos, a cada dia retomando o trabalhoso empenho do dia anterior, já que a labuta das nossas mãos é que pode oferecer-nos o "pão nosso de cada dia", primeiro nutrindo os nossos corpos que, está dito, são templos do espírito. Embora, em razão de tristes desigualdades sociais, multidões passem fome, o abençoado esforço de trabalho sustenta - em termos mundiais - a maior parte.

E, nas palavras do Espírito de Verdade, o Jardineiro Divino trabalha as lavouras de nossas almas, pois que a lei de progresso e evolução vem-se cumprindo desde os primórdios da história humana. Noutro pequeno livro deste autor, intitulado *Evolução humana e fatos históricos* (2002), o autor espera ter demonstrado, com base em pesquisas históricas e textos de Kardec, a concreta linha ascensional evolutiva que marca nossa história sobre a Terra. Se houve, no Mundo Antigo, prostituição obrigatória de órfãos, há muito tempo isto passou a ser crime. Se, na mesma Antiguidade, o conselho dos anciãos mandava atirar bebês aparentemente não-saudáveis no despenhadeiro do lixo (Atenas e Esparta), tal coisa atentaria contra as leis que temos. Se credos religiosos perseguidos eram objeto de chacinas, há muito não se permite mais tal coisa. Muitas coisas assim perversas e desesperadoras que foram praticamente tidas por normais (Cruzadas, Inquisição, Guerras Religiosas no Ocidente, etc.) cumprindo-se a Lei da Evolução, não são mais admitidas. O número dessas perversidades se estende em nosso referido livro (Capivari, Editora EME: 2002, pp. 80 e seguintes).

No interior de todo ser humano há zonas de sombras e há territórios de luz. Necessário que sejam computadas nossas histórias reencarnatórias, bem como aspectos da encarnação presente para entendermos a existência, em nós, de sombras e luzes. O fato é que o "silêncio dos nossos pensamentos" silencia sofrimentos de imperfeições (sombras) e, ajuizadamente, rejubila-se de modo discreto com nossos crescimentos íntimos.

Somos, de início, uma imagem selvática de matos entrançados amendrontantes; mas, de alguma forma, evoluímos sob a ação caridosa do Jardineiro Divino que faz, de matagais espinhosos, belos e agradáveis jardins. (C. S. Lewis, *Os quatro amores*, Martins Fontes, 2005).

Pois bem; partilhemos com nossos semelhantes (familiares, amigos, conhecidos, colegas de trabalho, correligionários) jornadas de vidas às vezes nada fáceis, no crescimento espiritual. Pois a compassividade caritativa é, sem dúvida, nosso dever. O próprio Deus deixa claro que, assim, seremos mais e mais amados por Ele. Em passagem do Evangelho de Mateus (25:34-40), o mestre Jesus diz:

> ... então dirá o Rei aos que estiverem à sua direita: Vinde, benditos de meu Pai! Entrai na posse do reino que vos está preparado desde a fundação do mundo. Porque tive fome e me destes de comer; tive sede, e me destes de beber; era forasteiro e me hospedastes; estava nu, e me vestistes; enfermo, e me visitastes; preso, e fostes ver-me.

Surpresos, os justos perguntarão ao mestre (ou ao Rei) quando foi que tudo isto aconteceu? O Rei responderá:

> (...) Em verdade vos afirmo que, sempre que o fizestes a um destes pequeninos irmãos, a mim o fizestes.

Tudo isso precedeu de mais de dezenove séculos as seguintes palavras do Espírito de Verdade:

> Em verdade vos digo: os que carregam

> seus fardos e assistem os seus irmãos são bem-amados meus. Instruí-vos na preciosa doutrina que dissipa o erro das revoltas e vos mostra o sublime objetivo da provação humana. (*O Evangelho segundo o Espiritismo*, cap. VI - item 6)

Segundo o Espírito de Verdade, é feliz aquele que ama a caridade. Então acrescenta:

> Tomai, pois, por divisa estas duas palavras: *devotamento* e *abnegação*, e sereis fortes, porque elas resumem todos os deveres que a caridade e a humildade vos impõem. (Ibid., cap. VI - item 8)

Em conclusão

A voz poderosa e orientadora do Cristianismo Redivivo, multiplicando-se e ressoando pelo mundo, reitera o claro objetivo de nossa evolução. A imensa equipe do Espírito de Verdade, muito provavelmente liderada ou representada por um mentor, o qual veio materializar, como núcleo da codificação, para os filhos de Deus toda a orientação, todo esse conforto, urge que ouçamos devidamente sua voz. "Como o vento, o Espírito sopra onde quer". Mas, enquanto relapsos ou dogmatistas mostrarem descaso pela voz do Espírito, as coisas seguirão dificultadas para a transição planetária prometida e, neste século XXI, iniciada com disposição irreversível.

Não podemos esquecer-nos de que mil anos são como um dia para Deus. Mas nós, os filhos do Altíssimo, exaustos de erro e descaminhos, nós é que *precisamos* contribuir para que nossos filhos e netos, nossa descendência e nós mesmos, talvez reencarnados, possamos contemplar as cores e brilhos de uma nova aurora. Bem sabemos, por vários textos, que um grande expurgo de seres intrinsecamente perversos, e uma massiva encarnação de espíritos missionários - estas coisas serão necessárias e, não podem ocorrer em 10 ou 15 anos apenas.

Mas, "obreiros, traçai o vosso sulco; recomeçai no dia seguinte o afanoso labor da véspera". O que os meios de comunicação lamentavelmente silenciam e mesmo escondem são bondades imensas, maravilhosas solidariedades.

> Ninguém que, tendo posto a mão no arado, olha para trás, é apto para o Reino de Deus. (Lucas, 9:62).

XIII

Energias cósmicas e vida espiritual

Logo após Einstein ter obtido a fórmula: Energia = massa x o quadrado da velocidade da luz ($E = m \times c^2$), ele se certificou, sobretudo em seus diálogos posteriores com William Tiller, de que o Universo é, todo ele, energia em formas variadas. Número provavelmente incalculável de campos energéticos o constituem, entrecruzando-se, até mesmo atravessando uns aos outros, sem que nenhum perca sua função específica. Todo o universo é ENERGIA.

Os campos de energia cósmica vão desde imensidões macrocósmicas até os microcosmos dos seres vivos, em seus interiores. Uma imensurável teia energética, assim, nos envolve e constitui. E, dos campos energéticos mais intensos e potencialmente poderosos, é o "campo humano".

Do ponto de vista espírita, para não ficarmos desorientados com os muitos sentidos que ganhou a palavra *energia*, no que respeita principalmente à vida e às interações inter-humanas, passamos a, mais segura e frequentemente, usar o vocábulo *fluidos*. O escritor e acadêmico Aécio Pereira Chagas, em seu livro *Introdução à ciência espírita* (Lachâtre, 2004), principia por observar:

> Além da matéria descrita usualmente pelas ciências acadêmicas (física, química, biologia), ou seja, a matéria formada pelos elementos químicos da classificação periódica de Mendeleiev, as partículas elementares que constituem o núcleo atômico, as radiações eletromagnéticas etc. Existem outros tipos de matéria mais sutis, não descritas nos textos dessas ciências acadêmicas e que são chamadas genericamente de *fluidos*. (p. 31).

Como em todo o universo, em seres vivos, mas principalmente nos humanos dotados de mais precisas emoções e pensamentos, dá-se forte movimento de "correntes fluídicas" - carregadas positiva ou negativamente. Segundo a doutrina espírita, tais correntes se movimentam entre humanos encarnados, entre desencarnados entre si, bem como interexistencialmente; isto é: entre encarnados e desencarnados, em ambas as direções, de uns para outros.

Historicamente, as fases politeístas cultivaram uma transcendência própria e, digamos assim, limitada, de vez que os muitos deuses eram como que projeções das qualidades e defeitos humanos. Quando, desde a "primeira revelação mosaica", passou-se a uma fé monoteísta ("Deus é um, e um só"), firmemente ratificada pelo cristianismo na "segunda revelação crística", passou-se a cultivar a transcendência praticamente universalista e ilimitada - toda a nossa realidade planetária sob a proteção de um único Deus Criador, o qual, na criação, instituiu todas as *leis universais*. Na narrativa neo-testamentária da transfiguração no Tabor, Jesus encontra-se com Moisés e Elias, nas luzes coordenadoras do Deus Pai - cena bíblica demonstradora da interexistencialidade; congraçamento entre encarnados e desencarnados.

Muitíssimas coisas ocorrem ao longo da história; mas, como aqui não objetivamos fazer detalhamentos históricos, lembremo-nos apenas de alguns passos essenciais às almas humanas (espíritos encarnados). Os dualismos, principalmente dos filósofos Platão e Descartes (século V a.C. e XVII d.C.) são categóricos, inflexíveis e devem ser, neste passo, apresentados - ao menos em suas linhas centrais.

O grande Platão, que foi mestre de Aristóteles, concebia o corpo físico e o espírito como, em nosso mundo, realidades conviventes, mas quase antitéticas; a ponto de ter o corpo na conta de cárcere limitador do espírito; o corpo visto como algo passível de degenerescência, pois que produto do imperfeito e efêmero mundo sensível, enquanto o espírito - egresso do "mundo das essências espirituais"- era imperecível, realizando uma luta de aperfeiçoamento.

Já René Descartes, vinte e dois séculos depois, embora considerasse o espírito (*res cogitans*) e o corpo (*res extensa*) realidades complementares, considerava a ambos irredutíveis um ao outro. O corpo físico era uma máquina que, durante algum tempo servia à substância pensante. Portanto, o que era espiritual não se reduzia a nada corpóreo e vice-versa - entendendo que o que fosse corporal e o que fosse pensante (espiritual) não agiam propriamente um sobre o outro. Como se vê, seja o dualismo platônico, seja o de Descartes, são categóricos e inflexíveis.

Ora, saltando a história do pensamento por séculos e passando a contar com avanços científicos, em 1926 o cientista Hans Selye passava a conceber a psicossomática, vista esta como as profundas relações de influência entre a psique (como alma emocional) e o *soma* (como corpo animado pelas emoções e construções racionais dos humanos). Sem dúvida, isto foi um avanço muito importante, mas que, a certa altura, viu-se atônito e um tanto envolto em dificuldades. Ao que parecia, faltava algo que devolvesse dinâmica à percepção das complexidades do existir dos seres humanos. Pois grandes figuras da psicoterapia como Assagioli, Jung e V. Frankl, demonstraram faltarem, de fato, alguns elementos na compreensão da estrutura humana.

O ser humano passava - a nosso ver muito completamente - a ser concebido como um "ser pluridimensional", constituído pelo *soma* (corpo), pela *psique* (seu aparato emocional e racional), pelo *nous* (que é o espírito de cada um) e pelo *pneuma* (aqui entendido como força Criadora que o faz cocriador e que administra seus processos de crescimento e de avanço). Os psicoterapeutas citados introduziram fortes aspectos de *transcendência* na *faticidade* humana.

É aqui que, ao retornarmos à questão dos *fluidos*, vamos nos deparar tanto com *fluidoproblemas* (existenciais comuns ou patológicos) quanto com *fluidoterapias*, estas no sentido de correntes fluídicas positivas que podem aliviar ou até mesmo facilitar a cura das pessoas - tais pessoas como seres de relação. Afinal, o que antes fora uma crença viu-se comprovado, entre outros recursos, pelas fotos kirlianas (casal Kirlian), as quais possibilitaram registrar imagens dos *campos eletromagnéticos* das pessoas, e das suas inter-relações.

Assim, a compassividade, a abnegação e a caridade para com os semelhantes, deixaram de estar apenas em gestos, ações e palavras, para habitarem as vibrações nos relacionamentos interpessoais. Princípios de magnetismo antes perseguidos e tidos por heréticos viram-se confirmados, passando muitas pessoas a entender melhor os resultados salutares da imposição de mãos e de passes em prece.

Passou-se também, ainda não da forma ideal, a ter-se mais cuidado com as trocas fluídicas nos lares, nos locais religiosos, nas escolas de todos os níveis, nas relações sociais mais restritas e nas mais amplas; da época de Jesus, passando pelos séculos, à vinda do Consolador no século XIX - nestes tempos já muitíssimos seres humanos intuíam ou sabiam acerca dos movimentos fluídicos que poderiam vir a socorrer dificuldades humanas. É, porém, indubitável que no século XX as práticas fluidoterápicas ganharam especial força de convicção.

Em nosso livro intitulado *Curar a vida: aspectos mediúnicos* (Editora Allan Kardec, 2008), damos testemunho pessoal que remonta à época na qual apenas principiávamos nossas perquirições espíritas. Seja-nos dada a ocasião de fazer aqui breve resumo daquele testemunho que configura o Capítulo 2 do citado livro.

Era 1978, e um meu irmão sofrera acidente automobilístico, desenvolvendo-se, posteriormente, agudo quadro de dores abdominais. Ele veio de Minas Gerais para a cidade de Campinas (SP) e, após acurados exames, sofreu cirurgia de cinco horas de duração. Teve extraído o baço todo (necrosado) e cerca de 95% do pâncreas, o que, de imediato, o deixou severamente diabético. Ao ato cirúrgico seguiram-se intercorrências nada pequenas e, entre estas, pancreatite no coto restante de pâncreas. A certa altura, a equipe médica não acreditava que meu irmão sobrevivesse, declarando-o em estado gravíssimo. Naquele livro escrevi:

> Transcorria a Copa do Mundo de 1978, na Argentina, e eu, como sempre, acompanhava

> a Copa com esperanças brasileiras. Lembro-me bem que assistia a um jogo crucial entre Brasil e Argentina; o jogo eletrizante foi no Estádio La Bombonera e eu o segui enervado pela TV. Foi desapontador empate.

Em seguida me preparei para ir dormir com o mano no hospital, no revezamento de família estabelecido. Pelo caminho, eu dirigia com os nervos atiçados, fazendo coisas alheias aos meus modos habituais, como xingar motoristas no tráfego. (2008: p. 42).

Encontrei meu mano tensíssimo, com olhar fixo numa televisão. É um homem inteligente e da área biomédica, reconhecendo bem o seu estado. Naquela época, havia pouco que eu começara a fazer leituras espíritas e, praticamente, desconhecia manifestações e procedimentos espirituais. Todavia, chegado ao apartamento em que estava meu irmão, tive súbita certeza de que eu precisava, junto com o mano, fazer algo que eu não sabia o que era. Disse isto ao mano, o qual comentou que seria dificílima qualquer coisa, pois que as enfermeiras entravam a cada 8 ou 10 minutos para verificar-lhe os sinais vitais. Para minha surpresa eu lhe disse firmemente: "As enfermeiras não entrarão!"

Assim, desligada a TV, começamos ambos a orar o Pai Nosso. Naquele tempo sem saber por que, com minhas mãos conectei seu centro vital frontal (o da testa) com a ponta do seu osso externo. Meu irmão pôs-se a chorar convulsivamente. Por mim passava fortíssima corrente energética, como se fora um fluxo elétrico. Minha impressão era de que estava com muitas pessoas a mais presentes. A aplicação durou entre 19 a 20 minutos. Quando a terminei, disse ao irmão que precisava doar um pouco daquela energia ante as outras portas dos demais apartamentos; e o fiz, para surpresa do mano, de vez que, normalmente, aquele corredor vivia cheio de pessoas (não tinha "viva alma" no corredor).

De volta, disse-me o irmão estar com muito sono - queria dormir em seguida. Também eu tinha sono e fomos dormir. Observe-se que, nos últimos tempos o mano só dormia sob efeito de medicamento fortemente hipnótico. Eu dormi e despertei bem cedo, pois que teria aulas para dar na Universidade.

De volta de minhas aulas, uma intensa vontade de ir ao hospital. Indo lá, encontrei a equipe médica aos sorrisos e entusiasmada; entendiam todos os membros que o quadro mudara, e meu irmão principiara a se reabilitar. A partir daí, o transcurso das coisas se fez positivo; o mano foi sarando. O cirurgião que o operou disse a mim, com sorriso otimista: "O Paulo ainda terá uma sobrevida de uns seis anos".

Já se passaram 35 anos, e meu irmão está vivo, conquanto muito doente por excesso de tabagismo. Em 1980, casou-se. Seus filhos já são adultos. Eu, só com o prosseguimento dos estudos espíritas pude compreender os poderosos fluidos, as fantásticas energias das quais fui veículo mediúnico, naquele 1978.

Hoje conheço quantíssimos casos de extraordinárias fluidoterapias. Por esta razão quis muito abordar, nestas páginas simples, o efeito dos fluidos cosmodivinos em nossa vida; seu alerta à nossa vida espiritual.

Entre o espaço-tempo positivo (visível e palpável) e o espaço-tempo negativo (mundo etéreo, não visível e impalpável) - tudo isto em nível de *natureza* - está a única realidade sobrenatural: O DEUS CRIADOR e Seus desígnios.

XIV

Vozes do coração

Thomas Merton, o grande servo de Deus que marcou o século XX com suas obras, nestas comentava que, ainda jovem e levado por franco entusiasmo, alegrava-se em proferir longas e detalhadas orações, com todos os seus agradecimentos, pedidos e alegrias de louvação. Dedicava extenso tempo a cada prece, e com isto se sentia muito bem.

Andou pelas culturas orientais e ocidentais, e foi amadurecendo em si um cristianismo propiciador de históricas reflexões. Mas Merton percebeu, também, que em sua maturidade de fé, passara a fazer preces ainda mais intensas, mas, ao mesmo tempo, bem mais sintéticas e de curto palavreado. E sua vibração interior permanecia abençoadamente rica. Até que, avançadas as experiências da idade, ele se surpreendeu orando assim: "Senhor! Eis-me aqui".

Alguém haveria de perguntar a ele: "Mas... só isso?" Ao que imaginamos Merton respondendo: Meu irmão, *tudo isto*! Senhor, eis-me aqui com minhas fragilidades; eis-me aqui com minha fé; eis-me aqui com meus agradecimentos e louvores; com tudo o que sempre suplico em benefício dos sofredores; SENHOR, EIS-ME AQUI. O servo de Deus havia compreendido as palavras de Jesus: "E, orando, não useis de vãs repetições, como muitos gentios; porque presumem que pelo seu muito falar, serão ouvidos" (Mateus 6:7).

O que precisamos é pôr nosso coração nas preces; e, para orar com o coração necessitaremos da mais difícil das virtudes: a *humildade*. Eis por que, no século IV d.C., Santo Agostinho escreveu, em seu *Discurso sobre os salmos*:

> Quando a oração brota da alma como uma necessidade da alma mesma, converte-se em chave de ouro, em santo e eficaz sinal que abre as portas do céu e torna possível um encontro com Deus. O homem se eleva em oração e Deus se inclina em misericórdia. (In Morais, *Na maior das perdas*, cap. XIV: p.117 - 10ª ed./2014).

Estamos imersos no fluido cósmico, como imersos na atmosfera. E esse fluido é capaz de uma transmissão *infinita* de vibrações. Como vimos, depende que a vibração da prece brote do coração, que se desprenda das nossas mais sinceras necessidades. Eis por que uma oração proferida com displicência tende a ficar retida em torno de quem a pronuncia; mas, - e aí atua o fluido cósmico - se, como disse Santo Agostinho brota do coração, faz um caminho infinito ao encontro de Deus.

Na antiga União Soviética, cientistas mandaram construir duas Câmaras de Faraday. Nessas Câmaras, após fechadas, não penetra qualquer tipo de energia cientificamente conhecida. Uma delas foi instalada em Kirov e a outra no extremo norte da Sibéria. Em cada Câmara foi instalado um telepata, dispondo ambos de instrumentos eletrônicos de recepção de mensagens e gravação (imediata, de parte do telepata). Cerradas rigorosamente as Câmaras de Faraday, os telepatas que lhes estavam no centro comunicaram-se normalmente, cada qual gravando as mensagens enviadas pelo outro. Ocorre que a mais avançada ciência deste nosso mundo está ainda muitíssimo longe de conhecer todas as características e possibilidades do fluido cósmico, bem como ainda está distante de conhecer os especiais poderes da mente humana.

Em nosso citado livro, *Na maior das perdas: a divina consolação* (2014, Editora EME, 10ª ed.), lembramos passagem de Santo Agostinho na qual, considerando dificuldades de concentração dos muitos aflitos, lembra que nossos irmãos egípcios resolveram isto com o uso de várias preces bem curtinhas, como setas disparadas para o meio celestial. Orações de uma frase, como: "Senhor, cura as minhas dores íntimas!", ou "Meu Deus, Pai e Amigo, dá-me um pouco da tua paz!" Estas as abençoadas flechas lançadas para Deus. (2006: pp. 121-122). Como fica claro, em nossas fragilizações, o poder da oração é a última força que nos resta.

Há quem argumente que, dada a onisciência de Deus e a criação de leis universais, as preces parecem não ter grande probabilidade de socorrer-nos; primeiro, porque Deus já sabe o de que necessitamos, e segundo, porque as preces não podem modificar as leis. Mas, em *O Evangelho segundo o Espiritismo* (131ª ed., 2013), Allan Kardec escreve:

> Sem dúvida alguma há leis naturais e imutáveis que não podem ser ab-rogadas ao

> capricho de cada um; mas daí a crer-se que todas as circunstâncias da vida estão submetidas à fatalidade, vai grande distância. Se assim fosse, nada mais seria o homem do que instrumento passivo, sem livre-arbítrio e sem iniciativa." (...) Deus não lhe outorgou (ao homem) a razão e a inteligência, para que ele as deixasse sem serventia; a vontade, para não querer; a atividade, para ficar inativo. (Pp. 312-313).

De outra parte, não significa que *tudo* que pedirmos teremos. Deus sabe no que devemos ou podemos ser atendidos, e no que não devemos ou não podemos sê-lo - decisões divinas para nosso benefício e que, muitas vezes, consideram nossas trajetórias de vidas sucessivas. Além do que, nada garante que conheçamos toda a complexidade das leis naturais e imutáveis. O que nos compete, pessoas frágeis e necessitadas que somos, é *pedir*; pedir com humildade suficiente para compreender que há razões também para não sermos atendidos - ainda que as desconheçamos.

No princípio do século recém-findo (o XX), brilhou em S. Paulo e também no Estado de São Paulo a grande educadora espírita Anália Emilia Franco. Dona Anália tinha uma quantidade enorme de abrigadas, crianças e moças desvalidas, quando teve início a 1ª Grande Guerra, a qual ameaçava muitas partes do mundo de penúria e mesmo de fome. A educadora em tela, temendo que a seus abrigos e educandários chegasse a fome, punha-se em oração todos os dias, o seu coração suplicando a Deus muita proteção para suas internas, para si e para seu dedicado esposo. Nesse entretempo, boiara em águas fluviais o corpo jovem de um paulistano, filho de família destacada da sociedade paulistana. E prosseguiam as preces um tanto aflitas de dona Anália Franco, senhora que, à época, abrigava e proporcionava estudos a quase mil e quinhentas desvalidas - entre meninas e moças.

Certo dia chega à sua instituição uma distinta senhora que era governanta, levando polpudo donativo de um conto de réis. Dona Anália dirigiu-se à senhora visitante dizendo estar esperando por sua visita. A governanta espantou-se, observando que a ninguém dissera que iria ao internato e que, principalmente, não conhecia pessoalmente a educadora. A educadora explicou que, em sonho, recebera, de um jovem louro e muito simpático, o aviso de que seria visitada por alguém que lhe levaria donativo de significado.

Em uma segunda visita, a portadora do donativo levou uns álbuns de fotografias. Folheando--os, Anália Franco afirmou, com segurança: "Foi este bonito moço que comigo falou, anunciando a sua visita e a contribuição financeira." Então, emocionou-se a governanta, explicando à educadora que o jovem apontado morrera afogado em traiçoeiras águas de um rio. Dona Anália Franco ponderou que jamais podemos duvidar do poder das orações. (Isto podemos ler na obra do historiador Eduardo Carvalho Monteiro, intitulada *Anália Franco: a grande dama da educação brasileira*, Edit. Eldorado Espírita, 1992: pp. 74-75).

O mentor Emmanuel, pela psicografia de Chico Xavier, escreveu, na obra *Religião dos Espíritos* (FEB, 8ª edição; 1990):

> Quando a dor te entenebrece os horizontes da alma, subtraindo-te a serenidade e a alegria, tudo parece escuridão envolvente e derrota irremediável, induzindo-te ao desânimo e insuflando-te ao desespero; todavia, se acendes no coração leve flama da prece, fios imponderáveis de confiança ligam-te o ser à Providência Divina. (...)... no imo das próprias forças, com a visão espiritual ilumi-

> nada por dentro, a fim de que compreendas, acima das tuas dores, o plano sábio da vida, (...) te ergue dos labirintos do mundo à bênção do amor de Deus. (p. 84).

Um lar afeito à oração vê elevado o seu padrão vibratório e passa a receber visitas espirituais abençoadas. Já nas comunidades religiosas as preces não podem ser apenas um hábito; emersas do coração e de fecundo senso de responsabilidade, elas garantem equilíbrio e protegem tais instituições de agressões das forças negativas.

Orações por quaisquer necessitados fazem-se em bênção social; nos próprios lares, nas escolas, nos locais de trabalho profissional, enfim, em toda a macrossociedade, pois que, como vimos antes, os movimentos fluídicos podem ter dimensões infinitas. O mundo humano é interligado, bem como é ligado às forças do Plano Maior.

Jesus, o Cristo governador deste orbe, isolava-se em orações. O Jardim das Oliveiras e todo o Getsêmani - todos esses espaços acolheram os momentos de preces e meditação do Rabi Nazareno. Ora, se o Rabi, governador do nosso orbe, precisava orar, o que diremos de nós, criaturas em luta com tantas imperfeições?

Consta que S. Francisco de Assis chegava a levitar durante suas preces. Nós, com muitíssima maior modéstia, só precisamos tirar as preces do nosso coração; buscarmos ser ouvidos.

XV

Despertares

Aqui retomo a narrativa de belos fatos humanos que nos desafiam a compreensão e mesmo certa paixão. Iniciava-se o século XX quando um pensador e psicólogo russo ainda jovem então, de nome Ouspensky, viajara - com grandes esforços humanos - desde a Rússia até Paris, em busca de um outro eslavo tido como mestre notável, este chamado Gurdjeff. Ouspensky sonhava em fazer uma formação filosófica e psicológica com Gurdjeff, tendo sido aceito para discípulo deste último.

Uma vez chegado a Paris, o jovem foi recebido pelo velho mestre em seu apartamento, na cidade Luz. Tal encontro se dera em uma sexta-feira. Conversaram e, por volta de treze horas, Gurdjeff propôs que iniciassem naquela mesma hora o desejado processo de formação. Explicou o mestre que iria para a casa de uns amigos e ali passaria o fim de semana. Enquanto Ouspensky devia ficar no seu apartamento (de Gurdjeff). Não deveria descerrar as cortinas; nem atender à porta ou ao telefone, de vez que, recém-chegado de tão distante, os chamados não seriam para ele. Era necessário que o discípulo ficasse inteiramente consigo mesmo; então, na segunda-feira seguinte o mestre retornaria. De alimentos e água o apartamento estava abastecido.

Ouspensky, um tanto surpreso, concordou. E mestre Gurdjeff se foi.

As horas passaram com lentidão e muito silêncio. Segundo o jovem discípulo, nunca enfrentara nada mais difícil do que estar, por inteiro, diante de si mesmo. Até que na segunda-feira seguinte, por volta das onze horas, o mestre retornou. De modo brincalhão perguntou a Ouspensky: "Então, o amigo sobreviveu?" E em seguida convidou o discípulo a que saíssem para caminhar pelas ruas de Paris (o que foi um alívio para Ouspensky). Saíram. E numa avenida movimentada, caminhavam em silêncio, quando Ouspensky tomou fortemente o mestre pelo braço e com olhar espantado disse-lhe: "Mestre, olhe para os transeuntes... sinto que estão dormindo, que caminham como sonâmbulos! Enquanto nós estamos estranhamente acordados."

Gurdjeff olhou o discípulo bem nos olhos, dizendo-lhe: "Que bom aluno você é!" Explicou ao aluno que uns estavam sonambúlicos atrás de dinheiro, outros em busca de paixões, outros ainda em um sono sem sentido... Disse ao discípulo: "A humanidade está em estado de sonambulismo, vagando atônita. Nossa tarefa, Ouspensky, como pensadores ou como psicólogos, é a de a auxiliarmos a *despertar*."

Explicou mais o mestre que o despertamento pode ser calmo e indolor, mas que também pode ser suscitado por intensa dor. Quantas vezes o despertamento doloroso vem com um diagnóstico de grave doença... algo que nos põe frente a frente com *o viver e o morrer*? Descobre-se, de modo trágico, a "dimensão espiritual da saúde". Mas, despertamos para o despertar. Alertou o mestre: um pouco que pudermos contribuir nisto será muito.

Um tal episódio, assim tão denso, leva-nos a refletir sobre o grande tema do despertar. E percebemos que tal tema tem ângulos diversos e nos pode trazer grandes lições de ordem espiritual. Será, portanto, ricamente abençoado que reflitamos, senão sobre todos, sobre alguns aspectos importantes do despertamento.

Beneficiemos, assim, esta ocasião!

1. Despertar para a vida como empréstimo de Deus

O pensamento judaico-cristão sempre afirmou ser, a vida, específico atributo do Deus Criador; sendo que o Criador a empresta a todo ser vivente, sobretudo aos viventes que foram feitos à sua imagem e semelhança. Neste, agitam-se forças materiais e orgânicas quando encarnados; ebulem forças psíquicas em expressões anímicas; e se agitam forças extrafísicas derivadas do "princípio inteligente" (espírito).

Encarnação é necessidade que se volta para o *maior experimento cósmico*: o corpo humano. O apóstolo Paulo escreveu que "O corpo é o templo do Espírito". Seu pronunciamento por inteiro tem as seguintes palavras:

> Acaso, não sabeis que o vosso corpo é santuário do Espírito Santo, que está em vós, o qual tendes da parte de Deus, e que não sois de vós mesmos? (I Coríntios, 6:19)

Séculos antes Platão vira o corpo como prisão da alma. Ora, se é cárcere é uma sofisticada prisão. Muitos cientistas e pensadores, dentre os quais o citado apóstolo Paulo, referiram-se à magnificência do corpo humano. A. Salmanoff, em sua obra *Segredos e sabedorias do corpo* (*Segreti e sagezza del corpo,* Milão: 1966) lembra-nos, por exemplo, de que o comprimento total dos nossos vasos sanguíneos (isto é: de um ser humano de porte normal) alcança 100 mil quilômetros (2 vezes e meia a circunferência da Terra); que os vasos capilares abertos e distendidos em superfície, perfazem 6 mil metros quadrados, e que a superfície dos alvéolos pulmonares em extensão forma 8 mil metros quadrados (1966: p.11). Nunca conheceremos mais sábio aproveitamento do espaço corpóreo. E ao nos determos na fisiologia que mostra funções cerebrais, nervosas, ósseas, hepáticas, renais e outras tantas, quedamo-nos verdadeiramente deslumbrados com nossa magnificência corporal. O neurocientista John McCrone estima haverem 100 bilhões de neurônios coordenando nosso viver, estes capazes de fazer 1.000 trilhões de conexões (2002: pp.20-47). O corpo é razão de alegrias e realizações, também de sofrimento, morte e dissolução; mas é um dos elementos emprestados pela Fonte da Vida (O Deus Criador), para que a nossa encarnação se cumpra da forma devida. Quantos fazem distraída trajetória do berço ao túmulo sem que valorizem devidamente o empréstimo corporal que Deus nos faculta!

2. Despertar para nossas forças psíquicas e espirituais

Tristemente, muitos irmãos nossos põem fim à sua vida orgânica, seja por uma decisão intempestiva ou, de forma mais indireta, por desrespeito às leis da saúde. Mas há ainda os que se destroem por descuido de sua "casa mental". Utilizando-nos de nome dado pelo mentor Emmanuel, referimo-nos ao nosso psiquismo e à nossa ambiência espiritual com a expressão "casa mental".

No nível de evolução deste nosso planeta, ainda nestes primeiros anos do século XXI, infelizmente são muito numerosos os filhos de Deus cultivadores de ressentimentos, rancores e mágoas; muito numerosos os incompassivos e que não logram perdoar. No entanto, sabe-se, todos estes sentimentos e muitos outros mais, são forças destrutivas do nosso aparato psíquico e espiritual. O mesmo aparato que, com a graça divina, pode gozar de poderes sempre construtivos. Muito realizador é amar; grandemente saudável é perdoar - um sentimento cheio de coloração divina; outra maravilha para a saúde como um todo é a solidariedade que nasce do respeito à vida. Pois todos estes elementos de saúde têm como alicerce a humildade - esta mesma que nos garante paz.

Uma zona tempestuosa do nosso cérebro fica bem no centro geográfico do crânio humano. Tal zona, primeiro foi chamada de "cérebro reptiliano" porque desenvolvida nos primeiros répteis da Terra; hoje, na linguagem médica, é denominada, "núcleo do hipotálamo". De certa forma, esta zona nucleia nossos medos, instabilidades e pavores; assim, quando tememos não nos adaptar a uma dada situação de vida, o hipotálamo expede mensagens para os diversos tecidos celulares, ao que se sabe, atingindo mais intensamente glândulas endócrinas. As glândulas suprarrenais lançam incomuns quantidades, quase constantes, de adrenalina e cortisol na corrente sanguínea. Antes tendo afetado o sistema nervoso autônomo, podem chegar a causar danos ao sistema cardiovascular. De certo modo, este é o percurso do estresse. Daí porque, quando perguntamos a uma neurologista: "Qual é o limite do estresse?" Respondeu ela seca e friamente: "Se não for socorrido, é o óbito."

Nossas forças psicoespirituais trafegam por

nossos sistemas nervosos. Pois há pessoas que, pelos sentimentos negativos que cultivam, vivem estressadas e em situação de prejuízo à própria saúde, como um todo. Mas temos conhecido pessoas que, mantendo uma "casa mental" ventilada e iluminada, liberam preciosas energias de cura que, ou vão diretamente beneficiar carentes, ou são trabalhadas por guias espirituais em sentido de cura.

Disse o mestre Jesus: "A vossa boca fala do que está cheio o vosso coração". Dito que parece equivaler ao pensamento segundo o qual o vosso ser vive do que está cheio o vosso espírito; aliás: o vosso ser vive *ou morre* do que está cheio vosso espírito. A imposição de mãos para benefício de enfermos e desequilibrados é algo que vem de antes de Jesus, e foi, por ele e seus apóstolos, perfeitamente ratificado como prática de amor caritativo. Ora, a amorização da vida é a grande terapia. Já vimos pessoas, à beira de leitos de enfermos, liberando - às vezes até inconscientemente - fluidos de amor curativo.

O princípio inteligente (o espírito), uma vez rico de caridade, oferece forças salutares, as quais se conjugam com um psiquismo benevolente e ainda podem merecer importantíssimos reforços de entidades desencarnadas. Este condoer-se com o sofrimento alheio é o fundamento da amorização da vida: a mais bendita terapia. Despertemos, pois, para nossas possibilidades psicoanímicas - virtudes que, pela graça divina, temos, mas virtudes que geram responsabilidades para o nosso viver.

São muitos os aspectos para os quais, sobretudo na vida cristã-espírita, precisamos *despertar*. Neste breve escrito abordaremos apenas despertamentos mais essenciais, em respeito ao tempo dos nossos leitores; aconselhando-os, porém, a expandirem em muitas outras direções suas reflexões quanto aos despertares que nos cabem.

3. Despertar para a "Grande Presença" em nossa vida

Falamos de "fé raciocinada" ou de "doutrina raciocinada". O de que não podemos falar é em algo como Deus raciocinado; afinal, os atributos divinos ou foram intuídos ou revelados (aqueles atributos descritos na codificação). Como ensinava Santo Agostinho, Deus não pode ser objeto de conhecimento para mentes imperfeitas como as nossas. Ora, se fôssemos capazes de colocar dentro de nossos "sulcos" mentais finitos, limitados e imperfeitos, o conhecimento pleno de um Ser infinito, perfeito, ilimitado, etc., também seríamos deuses. Dizia Agostinho que Deus é algo INEFÁVEL e Grande Presença que intuímos, e que passa a dar imenso sentido ao nosso existir.

Escreveu o evangelista João: "Deus é Amor". Eis uma identidade matemática. O Amor incondicional é idêntico a Deus, e Deus é idêntico ao Amor incondicional - assim sem meios termos. O versículo de João põe em nossa alma deslumbrada uma ideia da dimensão de Deus, sem mostrar-nos a face divina ou fazer-nos "conhecedores" da sua realidade. Ora, o Amor incondicional diz respeito ao Absoluto e na realidade humana tudo se relativiza. Os absolutos não concernem aos seres humanos. Mas alguém duvidará que Santo Agostinho, o apóstolo Paulo, o apóstolo Chico Xavier, tenham sentido imensamente a presença de Deus em suas vidas? Felizmente, grande parte da humanidade a vem sentindo, com absoluta e luminosa consciência da Grande Presença. PNEUMA: O Espírito Criador e Ordenador do Universo... senti-lo em nossa vida é algo de importância indescritível.

Por razão como esta, o poeta Rainer Maria Rilke dizia que, embora não sendo ele religioso, achava estranho um ou outro dizer que tivera fé, mas a perdera. Pensava Rilke que pessoas que perdem a fé, é porque nunca a tiveram. Para o poeta, a fé que lhe faltava, era algo grandioso demais para se perder como areia pelos vãos dos dedos.

Esta reflexão do poeta Rilke, desde a minha juventude sempre me emocionou muito; primeiro, por vir de alguém tão distante de religiosidade, e segundo por ser tão impactantemente verdadeira para aquele jovenzinho que fui, cheio de problemas íntimos, mas movido por fé inabalável. Em muitas fases praticamente senti algo como a "mão divina" dando novas e surpreendentes direções ao meu viver - apesar de mim mesmo, de minhas imperfeições e fases depressivas.

Este mundo será melhor quando seus habitantes forem mais despertos e atentos. Só então se compreenderá melhor o dizer do Cristo: "Eu vim para que tenhais vida, e a tenhais em abundância" (João 10:10).

Concluindo...

Como se pode ver, o ensinamento de Gurdjeff para o discípulo Ouspensky, vale para todos nós, cristãos de toda cepa e espíritas-cristãos. Nosso dever é, também, o de auxiliar a humanidade que nos cerca a chegar ao *despertamento;* na verdade aos muitos despertamentos que esperam por nossa lucidez. "Assim brilhe também a vossa luz diante dos homens..."

XVI

Prece

"Senhor, eis-me aqui!"

[Onde estou? Eis-me no universo infinito que a Tua inteligência suprema criou. Entre os bilhões e bilhões de galáxias, eis-me na Via Láctea. Contada em seus bilhões de estrelas solares, há um sol que nos sustenta o viver - e ele é apenas de quinta grandeza, mas nebulosas estelares que costumam abrigar também número assustador de planetas, alguns com seus satélites].

"Senhor, eis-me aqui!"

[Aqui em um braço da Via Láctea e abrigado em pequenino planeta, a Terra, ergo meus olhos para a festa de luz dos astros em busca dos silêncios do Deus Criador. Não mais que um ponto quase invisível ocupo, na vastidão do meu mundo; mas, criado à Tua imagem e semelhança, sei que estou perante Ti, Senhor].

"Senhor, eis-me aqui!"

[Sinto Tua presença e ponho-me conscientemente ante Tua face que ainda não posso ver. Aqui chega-me Teu hálito e, apesar das minhas imperfeições e tortuosidades, vivo o profundo sentido de existir].

"Eis-me aqui ó Pai!"

[Pareço um nada ao declarar-me aqui, em Tua presença. Mas súbito me espanto ao intuir que, a própria criatura indigente que hoje sou, daqui a milênios poderá ser um anjo em Tua corte celeste. Sou um aparente nada num canto do universo; mas como pode haver um nada que sente, pensa e ama, um nada que chora ao dizer-Te: Eis-me aqui?

Um dia Teu fiel servo Thomas Merton só orava dizendo "Eis-me aqui, Senhor!" Isto dizia tudo na prece: eis-me aqui com minhas imperfeições; eis-me com minhas dores e alegrias; com minha solidariedade que pede pelos irmãos sofredores. Eis-me, Senhor meu, com tudo que Tua onisciência conhece.

Quando vamos ganhando idade, queremos muito é pôr-nos ante Aquele que deve ser sentido e amado "em espírito e verdade"; mas pôr-nos com toda a rica bagagem de vida acima dita por teu servo Merton].

"Senhor, eis-me aqui!"

[Num canto do canto do universo, eis-me; Porque Tu, que és Amor, quiseste criar-me. Ora, disse Jesus: qual é o pai que se o filho lhe pedir um pão, dar-lhe-á uma pedra? Ou, se um filho faminto pedir-lhe um peixe haverá de dar-lhe uma serpente? Ah! mestre Jesus, governador deste orbe, com que grandeza explicaste o amor paterno do nosso Criador e Pai!]

"Senhor, eis-me aqui!"

[Onde já estive, por milênios, não me lembro. Até que, neste hoje, neste aqui e neste agora, envolvido por Tua Grande Presença, - erguido o olhar para o firmamento, - seja-me suficiente, à semelhança do irmão Thomas Merton, dizer-te: "Senhor, eis-me aqui!"].

Gratidão

Revejo inúmeros irmãos cujos rostos e olhares convidaram-me a esta variada comunhão de ideias. Uns gostaram mais do que foi escrito para o coração, outros do que foi dirigido mais para a razão. Mas os vejo a todos com semblantes alterados, na ânsia de se porem a refletir dedicadamente sobre os luminosos caminhos da espiritualidade.

De olhos cerrados, abraço um por um desses muitos irmãos, cheio de agradecimento por suas atenções a esta partilha de ideias e narrativas, colorida floração numa campina pequena.

Não haja ilusão: nossa caminhada continua. As difíceis veredas haverão de levar-nos todos aos braços do Pai Eterno.

No que me toca, vou lembrar-me muitas e muitas vezes do que pôde ser posto ante os irmãos; e que a *nós todos* ensinou a dizer, com lágrimas,

GRAÇAS A DEUS!

Em tempos difíceis, luz suave se acende em nossas almas, e traz uma melodia que repete: AVE CRISTO!

Referências bibliográficas

Ali, Hadrat. *Viver e morrer com graça*. São Paulo: PAULUS, 1998.

Amendola, Gilberto. *Assassinatos sem nenhuma importância*. São Paulo: Edit. Terceiro Nome\Mostarda Editora, 2005.

Bíblia sagrada. Rio de Janeiro, 12ª impressão. Imprensa Bíblica Brasileira, 1957. Trad. João Ferreira de Almeida.

Buber, Martin. *Que es el hombre?* (O que é o homem?). Mexico-Buenos Aires: Fondo de Cultura Económica (Breviário), 1949.

Chagas, Aécio Pereira. *Introdução à ciência espírita*. Bragança Paulista: Ed. Lachâtre, 2004.

Claravalle, S. Bernardo de. *En la escuela del amor*. Madrid: Biblioteca de Autores Cristianos, 1999.

Comte-sponville, A. *O amor*. São Paulo: Ed.

Martins Fontes, 2011.

Confúcio. *Analectos.* Porto Alegre (RS): L&PM, 2006.

Denis, Léon. *Depois da morte.* (1ª ed. Especial). Rio-Brasília: FEB, 2009.

Dufaux, Ermance/Wanderley OLIVEIRA. *Mereça ser feliz,* 4ª ed. Belo Horizonte: Edit. Dufaux, 2004.

Emmanuel. *O Evangelho por Emmanuel – comentários ao Evangelho segundo S. Mateus,* tomo 1. Brasília: FEB, 2014.

Entrevista do Dr. Alceu Amoroso LIMA, concedida a Regis de MORAIS (mês 05 de 1983).

Hollis, James. *Neste caminho que chamamos vida.* São Paulo: PAULUS, 2004.

Incontri, Dora. *A educação segundo o espiritismo,* 4ª ed. Bragança Paulista: Ed. Comenius, 2012.

Kardec, Allan. *O Céu e o Inferno ou a Justiça Divina segundo o Espiritismo.* 12ª ed. Araras/SP: IDE, 1996.

________. *O Evangelho segundo o Espiritismo.* 131ª ed. Brasília: FEB, 2013.

________. *O Livro dos Espíritos* (Edição histórica). 93ª ed. Brasília: FEB, 2013.

La sala batá, A. M. *O eu e o inconsciente.* São Paulo: Ed. Pensamento, 1991.

Laborit, Henri. *A cidade e o homem*. Editora Século 21, 1973.

Lewis, C. S. *O problema do sofrimento*. São Paulo: Editora Vida, 2006.

________. *Os quatro amores*. São Paulo: Martins Fontes, 2005.

Lex, Ary. *Pureza doutrinária*. 4ª ed. São Paulo: Edições FEESP, 2001.

Lobo, Ney. *Filosofia espírita da educação*, 5 vls., 7ª ed., Rio-Brasília: FEB, 2002.

McCrone, John. *Como o cérebro funciona*. (Série mais ciência). São Paulo: Publifolha, 2002.

Monteiro, Eduardo Carvalho. *Anália Franco: a grande dama da educação brasileira*. São Paulo: Edit. Eldorado Espírita, 1992.

Morais, Regis de. *Curar a vida: aspectos mediúnicos*. Campinas/SP: Edit. Allan Kardec, 2008.

________. *Espiritualidade e educação*. Campinas/SP: Edit. Allan Kardec, 2002.

________. *Evolução humana e fatos históricos*. Capivari/SP: Editora EME, 2002.

________. *Sobre o equilíbrio religioso – fé e comunidade*. Campinas/SP: Edit. Allan Kardec, 2010.

________. *Stress existencial e sentido da vida*. São Paulo: Edições Loyola, 1997.

Nobre, Marlene e Lemos, Geraldo P. *Não será em*

2012. São Paulo: Ed. Jornalística Fé, 2010.

NOBRE, Marlene S. *A obsessão e suas máscaras*, 6ª ed., São Paulo: Ed. Jornalística Fé, 1999.

OLIVEIRA, Wanderley/OLIVEIRA, Maria José. *Atitude de amor*. Belo Horizonte: Edit. Dufaux, 2005.

PIRES, J. Herculano. *Pedagogia espírita*, 2ª ed. Juiz de Fora (MG): Ed. Herculano Pires, 1990.

PORTÁSIO, Manuel. *Fora da educação não há salvação*. São Paulo: DPL-Editora, 2008.

RHODEN, Huberto. *Agostinho*, 4ª ed., São Paulo: Fundação Alvorada, 1976.

RILKE, Rainer Maria. *Cartas a um jovem poeta*. (Paulo RÓNAI) e porta-estandarte Cristóvão Rilke (Cecília Meireles). Porto Alegre: Edit. Globo, 1964.

ROCHA, Alberto de Souza. *A reencarnação em foco*. Matão: Edit. O Clarim, 1991.

ROUBICZEK, Paul. *El existencialismo*. Barcelona: Editorial Labor S/A, 1970.

SALMANOFF, A. *Segreti e sagezza del corpo*. Milano: Bompiani, 1966.

SANTO AGOSTINHO. *Discurso dos salmos*. In MORAIS, Regis de. *Na maior das perdas – a divina consolação*. 10ª ed. Capivari/SP: Editora EME, 2014.

THIELICKE, Helmut. *O mosaico de Deus*. Rio Grande do Sul (Porto Alegre): Ed. SINODAL, 1968.

XAVIER, F. C. e CAMPOS, Humberto de. *Boa Nova*.

26ª ed. Brasília: FEB, 2000.

XAVIER, F. C. e LUIZ, André. *Nosso Lar.* 61ª ed. Rio-Brasília: FEB, 2010.

XAVIER, F. C./EMMANUEL. *Paulo e Estêvão,* 44ª ed., Rio de Janeiro: 2010.

________. *Religião dos Espíritos,* 8ª ed., Rio de Janeiro: 1990.

XIV DALAI LAMA. *O universo em um átomo.* Rio de Janeiro: Ediouro, 2006.

Conheça também esses livros:

Na maior das perdas

Regis de Morais

Mensagem/Autoajuda • 14x21 • 168pp.

Muitas são as dores pelas quais o ser humano pode passar. No entanto, nenhuma pode superar a dor da perda de um filho ou uma filha, sobretudo se na infância ou em plena juventude.

Procurando atingir os corações de pais e mães que perderam seus filhos, este livro apresenta o conforto divino de maneira encantadora, mostrando que é possível àqueles que sofreram a maior das perdas entender as razões da lei de Deus.

Getúlio Vargas em Dois Mundos

Wanda A. Canutti

Romance Mediúnico • 16x22,5 • 344pp.

Getúlio Vargas realmente suicidou-se? Como foi sua recepção no mundo espiritual? Qual o conteúdo da nova carta à nação, escrita após sua desencarnação? Saiba as respostas para estas e outras perguntas, agora em uma nova edição, com nova capa, novo formato e novo projeto gráfico.

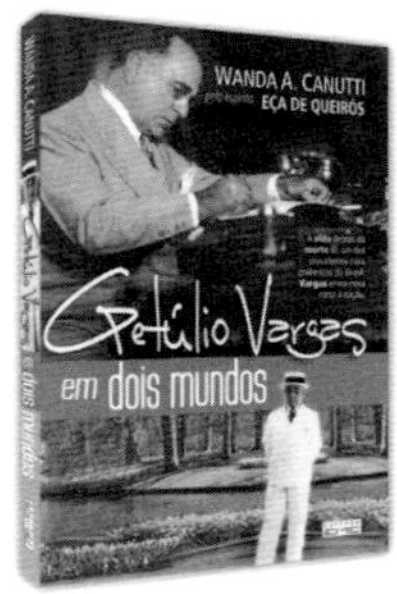

Peça e receba - O Universo conspira a seu favor

José Lázaro Boberg

Autoajuda • 16x22,5 • 248pp.

Neste livro, José Lázaro Boberg vem demonstrar, narrando fatos reais, que é possível realizar qualquer sonho que seja realmente perseguido e trabalhado por aquele que deseja vê-lo tornar-se realidade.

Mas, também, nos adverte que isso é possível tanto para quem deseja o bem ardentemente quanto para aqueles que, equivocadamente, permanecem atrelados ao mal.

Não encontrando os livros da EME na livraria de sua preferência, solicite o endereço de nosso distribuidor mais próximo de você através do Fone/Fax: (19) 3491-7000 / 3491-5449.
E-mail: vendas@editoraeme.com.br – Site:www.editoraeme.com.br